(Früher lieferbar unter dem Titel
»Kochen wie in Asien«)

Redaktion:	*Angelika Schlenk*
	Christina Kempe
Lektorat:	*Monika Sattrasai*
Fotos:	*Alexander Haselhoff (Asien-Reportage)*
	Bodo A. Schieren (Food)
Gestaltung:	*Ludwig Kaiser*
Herstellung:	*Peter Karg*
Druck:	*Mohndruck, Gütersloh*

ISBN 3-924678-64-2

Für die freundliche Unterstützung bei der Entstehung dieses Buches danken die Autoren folgenden Personen: Rainer Mitze; der Küchenbrigade des »Le Val d'Or«, besonders Gerd Eis und Markus Herbicht; Thomas Axmacher, General Manager vom Regent-Hotel in Hongkong; Frau Dr. Hoang vom Restaurant »Saigon« in Gauting.

BESSER ESSEN – GESUND GENIESSEN

BARBARA RIAS-BUCHER · JOHANN LAFER

ASIATISCH KOCHEN

ZABERT SANDMANN

Inhalt

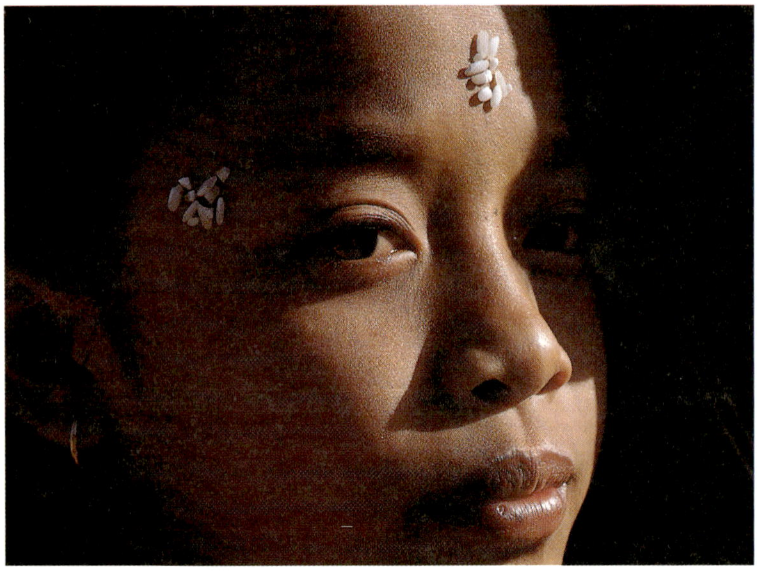

Vorwort

Kochen wie in Asien – das heißt, ganz fremde Küche so umsetzen, wie wir es verstehen können. Drehen wir es probeweise mal um: »Asiatisch kochen« – das geht nicht. Denn »die« asiatische Küche gibt es ja nicht. Sie ist Vorstellung der Europäer, gewonnen aus einem Konglomerat von Rezepten, die Asienreisende aller Jahrhunderte zusammengetragen haben, aus euro-asiatischen Gerichten der Kolonialzeit, aus Eindrücken, die wir heute als Touristen oder als Gäste asiatischer Restaurants gewinnen. Nur: Touristen bekommen, was sie erwarten. Sie wagen oft nicht, sich auf das Abenteuer fremden Essens einzulassen. Und weder der »Chinese« noch der »Inder«, der heute so beliebt ist wie weiland der »Italiener«, kochen uns das, was sie selbst essen. Denn ebenso wenig wie wir einem ausländischen Gast die kulinarischen Vorzüge einer Schlachtplatte mit Bauchspeck, Blut- und Leberwurst und Sauerkraut vermitteln können, wird uns ein japanischer Koch für Fugu, den mörderischen Fisch, begeistern können.

Küchen, als Bestandteil der Kultur eines ganzen Volkes, ausgegrenzter Minderheiten oder kleiner Stammesgemeinschaften, entwickeln sich – in einer Vielfalt, die der Fremde niemals erfassen und am eigenen Herd praktizieren kann. Und weil wir diesen langen Weg zur Perfektion nicht mitgehen, sondern nur den Genuß empfinden können, finden Sie in diesem Buch die kulinarische Faszination Asiens, gebündelt in Gerichten, die von den vielen Küchen dieses Kontinents beeinflußt sind.
Das ganz andere – Philosophie, Geschichte, Religion, Weltanschauung und Kultur – können wir Ihnen nur punktuell aufzeigen. Obwohl es zur Küche der Asiaten gehört – fremd vielleicht für den Europäer von heute, der einfach vergessen hat, daß ein Lorbeerblatt nicht immer nur in der Suppe landete, sondern einst Attribut Apolls war – des Dichters und Denkers unter Griechenlands Göttern.

Besser können wir Ihnen in Wort und Bild zeigen, welche Zutaten zu einer Küche gehören, die sich Asien zu nähern versucht. Sie werden merken, daß es hier nur selten exotisch zugeht. Fast alles gibt es bei uns zu kaufen. Manchmal finden Sie auch Schnappschüsse von asiatischen Märkten mit einem typischen Produkt – der Information wegen. Im Rezept daneben wird mit dem gekocht, was Sie bei uns bekommen.
Das Buch ist die Arbeit eines Teams:
Alexander Haselhoff ging auf Entdeckungsreise nach Hongkong, Thailand, Bali und Indonesien und vermittelt mit seinen Fotos einen interessanten Einblick in die bunte Vielfalt Asiens.
Zwei-Sterne-Koch Johann Lafer hat alle Rezepte entwickelt und in seinem Restaurant »Le Val d'Or« gekocht – zur hellen Freude der anderen Team-Mitglieder.
Bodo A. Schieren hat Johann Lafers Kreationen so hervorragend ins Bild gesetzt, wie es ihnen gebührt.
Dr. Barbara Rias-Bucher hat die Recherchen besorgt und den gesamten Text geschrieben.
Der Grafiker Ludwig Kaiser verlieh diesem Buch seine eigene, klassisch-schöne Form.

BRÖTCHEN MIT ZWIEBELMARMELADE

Für 6 Portionen

Zwiebelmarmelade:
600 g rote Zwiebeln
3 Zweige Thymian
2 EL Maiskeimöl
1/4 l trockener Rotwein
3 TL Honig
2 EL Zitronensaft
Salz
Cayennepfeffer
Teig:
200 g Mehl
1/2 TL Backpulver
70 g Zucker
5 EL Milch
etwa 2 EL Wasser
3 TL weiche Butter
Füllung:
200 g rohes Hühnerfleisch
70 g frische Shiitake-Pilze
Salz
1/4 TL Zimtpulver
1/4 TL Ingwerpulver
1 Messerspitze gemahlene Nelken
1 1/2 EL Sesamöl
1 1/2 EL Tomatenmark
1 1/2 EL Sojasauce
1 EL gehackte Kerbelblättchen

Pro Portion 354 Kalorien
Zubereitung: 2 Stunden

1. Zwiebeln schälen und fein würfeln. Thymian hacken. Maiskeimöl in einem Topf erhitzen. Zwiebeln darin bei mittlerer Hitze unter ständigem Rühren etwa 5 Minuten anbraten, bis sie glasig sind. Thymian und Rotwein zugeben, aufkochen und bei starker bis mittlerer Hitze unter häufigem Umrühren dickflüssig und sämig einkochen lassen. Das dauert etwa 15 Minuten. Mit Honig, Zitronensaft, Salz und Cayennepfeffer abschmecken und erkalten lassen.
2. Für den Teig Mehl, Backpulver und Zucker mischen. In die Mitte eine Vertiefung drücken. Eßlöffelweise die Milch in die Mulde geben. Jeweils soviel Mehl von den Seiten der Mulde untermischen, bis die Milch aufgenommen ist. Dasselbe mit dem Wasser wiederholen. Zum Schluß die Butter unterkneten. Teig kneten, bis er glatt und formbar ist. Zu einem Kloß formen, auf einen Teller legen und mit einem feuchten Tuch bedeckt etwa 1 Stunde ruhen lassen.
3. Inzwischen für die Füllung Fleisch und Pilzhüte in sehr kleine Würfel schneiden. Mit Salz, Zimt, Ingwer, Nelken und ein paar Tropfen Öl in einer Schüssel vermischen und 10 Minuten ziehen lassen.
4. Restliches Öl in einer Pfanne erhitzen. Fleischmischung darin bei starker bis mittlerer Hitze unter Rühren etwa 1/2 Minute anbraten. Tomatenmark und Sojasauce untermischen. Aus der Pfanne nehmen, Kerbel untermischen. Füllung erkalten lassen.
5. Teig noch einmal durchkneten, zu einer Rolle von etwa 5 cm Durchmesser formen und in 12 gleichgroße Stücke schneiden. Jedes Stück auf der Handfläche zu einem Kreis auseinanderdrücken. Etwas Füllung auf den Teigkreis geben und den Teig über der Füllung wie bei einem Kloß zusammenziehen. Die »Nahtstelle« oben mit den Fingerspitzen gut festdrücken.
6. In einen Kochtopf mit Siebeinsatz drei Finger hoch Wasser geben und zum Kochen bringen. Ein Stück Pergamentpapier mit Öl fetten und den Siebeinsatz so damit auslegen, daß die geölte Seite oben ist. Teigbällchen nebeneinander darauflegen. Bällchen zugedeckt bei mittlerer Hitze etwa 10 Minuten dämpfen. Heiß mit der Zwiebelmarmelade servieren.

Frühlingsrollen mit Gemüse

Für 4 Portionen

1 kleine Stange Porree
1 kleine Möhre
50 g Knollensellerie
50 g weißer Spargel
50 g grüner Spargel
50 g Salatgurke
50 g Mangold
50 g Sojabohnensprossen
1 EL rote Pfefferminze-Blättchen
1 kleine Knoblauchzehe
1 EL Olivenöl
1 TL Sesamöl
1 TL Sojaöl
1 TL geriebener Meerrettich
2 EL helle Sojasauce
1 TL »Fünf-Gewürze«-Mischung (siehe unten)
Salz, weißer Pfeffer
8 Reispapierblätter (je ca. 20 cm Durchmesser)
2 Eigelbe zum Bestreichen
Vinaigrette:
1 mittelgroße rote Zwiebel
2 Knoblauchzehen
1 kleines Bund rote Pfefferminze
2 EL Weißweinessig
Salz, weißer Pfeffer
4 EL Olivenöl
außerdem:
1 l Maiskeimöl zum Fritieren

Pro Portion 482 Kalorien
Zubereitung: 1 Stunde

1. Porree putzen, waschen und in feine, etwa 5 cm lange Streifen schneiden. Möhre, Sellerie und weißen Spargel schälen und in etwa 5 cm lange, streichholzdünne Stifte schneiden. Gewaschenen, geputzten Grünspargel, gewaschene Salatgurke und Mangold ebenso zerkleinern. Sprossen kalt abspülen. Alle Gemüse trockentupfen. Minzeblättchen und Knoblauch getrennt fein hacken.
2. Die drei Ölsorten in einer Pfanne erhitzen. Gemüse und Knoblauch darin bei starker Hitze unter ständigem Rühren etwa 2 Minuten anbraten. Minze, Meerrettich, Sojasauce, »Fünf-Gewürze«-Mischung, Salz und Pfeffer aus der Mühle untermischen. Auf einem Teller erkalten lassen.
3. Die Reispapierblätter einweichen: Eine flache Schüssel, etwas größer als die Blätter, mit kaltem Wasser füllen. Daneben zwei Küchentücher ausbreiten. Jeweils 1 Reisblatt in das Wasser legen, mit den Fingerspitzen einige Male eintauchen und etwa 1 Minute quellen lassen, bis das Blatt weich ist. Auf einem Küchentuch ausbreiten und mit dem anderen trockentupfen.
4. Gemüse auf dem Reisblatt verteilen. Rand des Blattes rundherum mit verquirltem Eigelb bestreichen.
5. Zuerst das Blatt rechts und links an den Seiten einschlagen. Nun die Längsseite, die Ihnen am nächsten liegt, ebenfalls über die Füllung schlagen. Das Blatt von Ihrem Körper weg aufrollen. Zum Schluß den Rand gut festdrükken. Die restlichen Blätter ebenso einweichen, trockentupfen und füllen.
6. Für die Vinaigrette Zwiebel, Knoblauch und abgezupfte Minzeblättchen fein hacken. Mit Essig, Salz, Pfeffer aus der Mühle und Öl verrühren und zugedeckt ziehen lassen, bis die Frühlingsrollen fertig sind.
7. Das Öl in einem Topf erhitzen, in dem die Rollen nebeneinander Platz haben. Die Rollen darin etwa 3 Minuten ausbacken, bis sie knusprig sind. Auf Küchenpapier kurz abtropfen lassen und mit der Vinaigrette servieren.

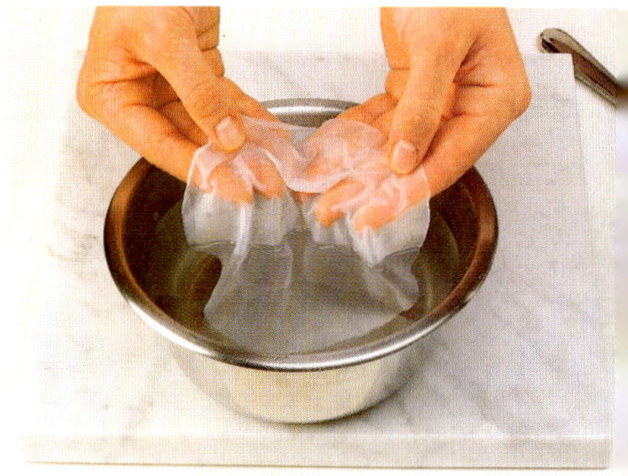

Fünf-Gewürze-Mischung (Panchforon) gehört zur chinesischen Küche und besteht aus gemahlenem Sternanis, Gewürznelken, Fenchelsamen, Zimtpulver und Anispfeffer. Alle diese Gewürze sind typisch für die asiatische Küche. Deshalb finden Sie auf den Seiten 46, 68 und 136 jeweils genaue Beschreibungen. Die Gewürzemischung bekommen Sie in Asienläden.

Poulardenbrust mit Sprossen

Für 4 Portionen

Vinaigrette:
100 ml Geflügelbrühe
2 EL Aceto Balsamico
2 EL Sojasauce
Salz
1 Prise Zucker
weißer Pfeffer
3 EL Sesamöl
4 EL Maiskeimöl
4 EL Sesamsamen
1 EL Currypulver
Sojasprossen:
300 g Sojasprossen
1 EL Sesamöl
1 kleiner Chicorée
Poulardenbrust:
1/2 l Geflügelbrühe
1 Lorbeerblatt
1 Thymianzweig
1/2 TL weiße Pfefferkörner
2 doppelte entbeinte Poulardenbrüste (je ca. 240 g)

Pro Portion 294 Kalorien
Zubereitung: 50 Minuten

1. Geflügelbrühe, Aceto Balsamico, Sojasauce, Salz, Zucker, Pfeffer aus der Mühle, Sesamöl und 2 Eßlöffel Maiskeimöl verrühren.
2. Sesamsamen in einer Pfanne ohne Fett bei mittlerer Hitze unter Rühren rösten, bis sie duften. Curry untermischen und alles mit der Vinaigrette verrühren.
3. Sprossen kalt abspülen und trockenschwenken. Im restlichen Maiskeimöl bei mittlerer Hitze unter Rühren etwa 1 Minute braten. Aus der Pfanne nehmen. Chicoréeblätter vom Strunk trennen, waschen und trockentupfen. Sprossen und Chicorée in eine Schüssel geben und mit etwa 3/4 der Vinaigrette übergießen. Bei Zimmertemperatur ziehen lassen, bis das Fleisch gegart ist.
4. Brühe, Lorbeer, Thymian und Pfefferkörner in einem Topf mit Siebeinsatz aufkochen. Fleisch auf den Siebeinsatz legen. Zugedeckt bei mittlerer bis starker Hitze über der Hühnerbrühe etwa 10 Minuten dämpfen.
5. Sprossen auf Tellern verteilen und mit den Chicoréeblättern umlegen. Hühnerbrüste aus dem Topf nehmen, schräg in Scheiben schneiden und auf den Sprossen anrichten.
Mit der restlichen Vinaigrette beträufeln.

Dämpfen, die wichtige Garmethode der japanischen und chinesischen Küche, finden Sie in diesem Buch häufiger. Die genaue Anleitung fürs Dämpfen auf dem Siebeinsatz steht auf Seite 12. Wie es mit einem asiatischen Bambuskörbchen funktioniert, erfahren Sie auf Seite 95.
Gedämpfte Speisen kommen nicht direkt mit Flüssigkeit, sondern nur mit dem heißen Dampf in Berührung. Deshalb bleiben auch Vitamine und Mineralstoffe erhalten, die sich beim Kochen in der Garflüssigkeit lösen. Der Eigengeschmack von Geflügel, Fleisch und Fisch wird durch Dämpfen unterstrichen, denn weder Fett zum Braten noch Brühe zum Kochen oder Dünsten überdecken das spezifische Aroma.
Beachten Sie bitte die richtige Temperatur: Fisch, Fleisch, Geflügel und gefüllte Brötchen (Seite 12) dämpfen Sie bei starker bis mittlerer Hitze, so daß die Flüssigkeit im Topf immer leicht sprudelt. Klebereis, Eier und Tofu brauchen weniger Hitze.

SASHIMI VOM LACHS

Für 4 Portionen

2 Schalotten
1 Bund Koriandergrün oder Petersilienblätter
Saft von 1 Limette
2 EL Weißweinessig
1 TL gemahlener Koriander
Salz, Pfeffer
1 Prise Zucker
8 EL Olivenöl
4 Avocados
400 g rohes Lachsfilet
40 Cocktailtomaten
20 junge Löwenzahnblätter

Pro Portion 908 Kalorien
Zubereitung: 45 Minuten

1. Für die Vinaigrette Schalotten und die Hälfte der abgezupften Koriander- oder Petersilienblätter hacken. Mit Limettensaft, Essig, 1/2 Teelöffel gemahlenem Koriander, Salz, Pfeffer aus der Mühle, Zucker und 6 Eßlöffeln Öl verrühren.
2. Avocados halbieren, Kerne entfernen, Hälften schälen und in Scheiben schneiden.
3. Restliches Öl erhitzen. Avocadoscheiben darin bei schwacher Hitze einige Sekunden anbraten. Mit dem restlichen gemahlenen Koriander, Salz und Pfeffer aus der Mühle bestreuen und auf 4 Tellern verteilen. Vinaigrette zum Bratfond in der Pfanne gießen und einige Male umrühren.
4. Lachs mit einem langen, dünnen Messer in feine Scheiben schneiden und auf die Avocados geben. Mit Salz und Pfeffer würzen, mit der Vinaigrette beträufeln.
5. Tomaten häuten, mit Löwenzahn und dem Rest von Koriander oder Petersilie auf dem Sashimi anrichten.

Koriander wurde zuerst in Griechenland, Mesopotamien, Ägypten und Persien verwendet und ist von dort nach Osten gewandert: Körner und Kraut gehören fest zur Küche Indiens, Vietnams und Japans. Bei uns würzen ganze oder gemahlene Korianderkörner Brot und Wurst, Weihnachtsgebäck und Marinaden – oder eben Asiatisches. Das zarte Koriandergrün – auch Cilantro oder chinesische Petersilie genannt – streut man zum Schluß über das Gericht. Wichtig: die Blättchen mit einem Messer hacken. In Blitzhacker oder Kräutermühle zerkleinert, strömen sie einen ziemlich strengen Geruch aus.

Gemüse-Obstsalat mit Erdnüssen

Für 5 Portionen

1 Fenchelknolle
150 g Stangensellerie
150 g Knollensellerie
3 große Möhren
1 Zucchino
300 g Erdbeeren
1 Mango (etwa 450 g)
2 kleine reife Bananen
Saft von 2 Orangen
Saft von 2 Limetten oder kleinen Zitronen
2 EL Honig
2 EL Erdnußöl
70 g ungesalzene Erdnußkerne
2 EL Minzeblättchen

Pro Portion 413 Kalorien
Zubereitung: 1 Stunde

1. Fenchelknolle halbieren, Strunk herausschneiden. Fenchelhälften und Selleriestangen waschen und quer zu den Fasern in ganz dünne Scheiben schneiden. Sellerieknolle und Möhren schälen und in streichholzdünne Stifte schneiden. Zucchino waschen, putzen und in Scheiben schneiden.

2. Erdbeeren waschen, abzupfen und je nach Größe halbieren oder vierteln. Mango schälen und mit einem mittelgroßen, scharfen Messer rundherum in Schnitzen vom Kern schneiden. Obst mit dem Gemüse in eine Schüssel geben.

3. Für das Dressing die Bananen mit einer Gabel fein zerdrücken. Mit Orangen- und Limettensaft, flüssigem Honig und Öl verrühren. Zum Obst und Gemüse geben, alles vorsichtig mischen und auf Tellern verteilen.

4. Erdnußkerne in einer Pfanne ohne Fettzugabe leicht rösten. Minze in feine Streifen schneiden und mit den Nüssen über den Salat streuen.

Schmeckt gut statt Mango im Salat: Papaya, die melonenähnliche Tropenfrucht, die Sie das ganze Jahr über kaufen können. Papayas sind sehr gesund: Sie fördern die Verdauung und enthalten reichlich Calcium. Die lackschwarzen Kerne in der Mitte der Frucht werden zum (unerlaubten) »Strecken« von schwarzem Pfeffer verwendet. Denn getrocknet sind sie genauso schrumpelig und dunkel wie schwarze Pfefferkörner.

Sushi mit Gemüse und Fisch

Für 4 Portionen

200 g Sushi-Reis oder weißer Rundkornreis
325 ml Wasser
Salz
60 ml Reisessig
1 kleiner grüner Zucchino
1 kleiner gelber Zucchino (oder ebenfalls grün)
1 lange schlanke Möhre
1 langes Stück Rettich (ca. 50 g)
80 g rohes Bonitofilet (ersatzweise Lachs)
80 g roher Lachs
1 gekochter Kaisergranatschwanz (Scampo, ca. 80 g)
4 Noriblätter (getrocknete Seetangplatten)
100 ml helle Sojasauce
2 EL japanischer Reiswein (Sake)
1 1/2 TL süßsauer eingelegter Ingwer
1 TL grüner japanischer Meerrettich (Wasabi, Seite 81) oder frisch geriebener weißer Meerrettich

Pro Portion 551 Kalorien
Zubereitung: 2 Stunden

1. Reis auf einem Sieb gründlich kalt abspülen und etwa 30 Minuten im Sieb abtropfen lassen. Dabei saugen die Reiskörner das anhaftende Wasser auf und werden weiß.
2. Reis in einem Topf mit dem Wasser und etwas Salz bei mittlerer bis starker Hitze zum Kochen bringen und 1 Minute sprudelnd kochen lassen. Den Topf schließen und den Reis bei schwächster Hitze 15 Minuten garen.
3. Reisessig mit einem Holzspatel untermischen. Dabei den Spatel abwechselnd quer und längs halten, damit Sie den Reis nicht richtig rühren, sondern wie mit einem Messer schneiden. So bleibt er körniger als beim normalen Durchrühren. Reis abkühlen lassen.
4. Zucchini waschen, von Stiel- und Blütenansatz befreien und der Länge nach in knapp bleistiftdicke Stifte schneiden. Geschälte Möhre, geschälten Rettich, Bonito und Lachs ebenso schneiden. Schale des Kaisergranatschwanzes ablösen, schwarzen Darm entfernen. Fleisch längs in dünne Scheiben schneiden.
5. Ein Noriblatt auf eine Bambusmatte oder ein Küchentuch legen. Darauf eine Schicht Reis geben, die das Noriblatt bis auf einen etwa 3 cm breiten Streifen am unteren Rand ganz bedeckt. Reis mit Gemüse, Bonito, Lachs und Kaisergranat belegen.
6. Nori mit Hilfe der Bambusmatte von Ihrem Körper weg aufrollen, dabei Gemüse- und Fischstreifen vorsichtig festhalten, bis sie eingerollt sind.
7. Sushirollen mit einem dünnen, scharfen Messer in Stücke schneiden und aufrecht auf eine Platte setzen.
8. Sojasauce mit Reiswein, gehacktem Ingwer und Meerrettich verrühren und als Dip zum Sushi servieren.

Die Gebirgsbewohner Südostasiens, die vor Jahrtausenden ihren Fisch in Reis konservierten, hätten sich gewiß nicht träumen lassen, daß sich daraus der kulinarische Hit Sushi entwickeln würde. Denn ursprünglich kam es nur auf den Fisch an: eingesalzen, mit Reis umhüllt, von Steinen beschwert und so möglichst luftdicht abgeschlossen, war er durch Milchsäuregärung – ähnlich wie unser Sauerkraut – bis zu drei Jahre haltbar.
Doch in Hungerzeiten aß man den kostbaren Reis natürlich auch. Und irgendwann machte man in Japan aus der Not eine Tugend und kreierte die berühmten Reishäppchen. Gerolltes Sushi wie in diesem Rezept gibt es seit Ende des 18. Jahrhunderts.

CHINESISCHER KRABBENTOAST

Für 4 Portionen

150 g Kabeljaufilet
120 g geschälte, rohe Krabben
25 g gekochter Schinken
1 kleine Knoblauchzehe
1 Ei
1/2 TL Ingwerpulver
1/2 TL helle Sojasauce
1/2 TL trockener Sherry
Salz
weißer Pfeffer
1 EL Maisstärke
8 Scheiben Toastbrot ohne Rinde
50 g Sesamsamen
200 ml Maiskeimöl

Pro Portion 466 Kalorien
Zubereitung: 30 Minuten

1. Kabeljau mit einer Pinzette von allen Gräten befreien. Fisch, Krabben, Schinken und geschälten Knoblauch sehr fein hacken oder im Blitzhacker zerkleinern.
2. Ei, Ingwer, Sojasauce, Sherry, Salz, Pfeffer aus der Mühle und Maisstärke daruntermischen.
3. Sesamsamen zum Panieren der Toastscheiben auf einem Teller bereit stellen.
4. Etwa 3/4 des Fischteigs auf 4 Toastscheiben glattstreichen. Die anderen Toastbrotscheiben darauflegen und leicht festdrücken. Die Brote mit einem scharfen Messer diagonal halbieren, so daß Sie 8 Dreiecke bekommen. Die Seiten der Dreiecke mit dem restlichen Fischteig bestreichen und in die Sesamsamen drücken.
5. Öl in einer Pfanne oder im Wok zum Ausbacken erhitzen. Die Temperatur prüfen: Den Stiel eines hölzernen Kochlöffels in das Öl halten. Wenn sich am Stiel kleine Bläschen bilden, ist das Öl heiß genug.
6. Den Krabbentoast darin portionsweise in etwa 4 Minuten knusprig braun backen. Dabei ein- oder zweimal wenden. Die gebackenen Toasts auf Küchenpapier kurz abtropfen lassen und heiß servieren.

Dieser Krabbentoast ist einer der typischen Appetithappen – Dim Sum –, die man zwischendurch als Imbiß, im Süden Chinas auch zum Frühstück ißt oder zu Beginn eines richtigen Banketts serviert. Der Fischteig wird auf vielerlei Arten variiert: mit kleingehacktem Zwiebelgrün, Sellerie und Wassernüssen, Kräutern oder frischer Ingwerwurzel. Am besten gelingen die Häppchen mit altbackenem Brot: es nimmt weniger Öl auf, und die Toasts sind dadurch bekömmlicher.
Wenn Sie eine größere Menge – etwa für eine Party – brauchen, können Sie die Toasts vorab zubereiten und im Backofen bei 50 Grad warm halten. Oder einige Tage vorher backen und einfrieren. Zum Servieren wie Brötchen im Backofen auftauen und heiß werden lassen.

SÜSS-SAUER EINGELEGTE GURKEN

Manchmal bekommt man sie auch bei uns – Bittergurken aus Thailand. Im Vergleich zu unseren Gurken sind die schrumpeligen »Balsambirnen« – wie sie auch heißen – wahre Nährstoffbomben mit reichlich Vitamin C und Eisen.

Für 4 Portionen

1 Salatgurke
1/4 l Wasser
50 g Zucker
4 EL Weißweinessig
5 Dillzweige
10 Estragonblättchen
2 Lorbeerblätter
1 TL Senfkörner
100 g Joghurt
Sherryessig
Salz
weißer Pfeffer

Pro Portion 88 Kalorien
Zubereitung: 40 Minuten
Marinierzeit: 1 Tag

1. Gurke schälen, längs halbieren, Kerne mit einem Teelöffel herausschaben. Gurkenhälften in etwa 3 mm dünne Scheiben schneiden.
2. Wasser mit Zucker, Weißweinessig, den abgeschnittenen Dillstielen (Dillkraut zum Anrichten der Gurken aufheben), Estragon, Lorbeerblättern und Senfkörnern aufkochen. Gurken zugeben, erneut aufkochen und abkühlen lassen. Gut zugedeckt bei Zimmertemperatur 1 Tag ziehen lassen.
3. Gurken durch ein Sieb gießen, Dillstiele, Estragon, Lorbeer und Senfkörner so gut wie möglich entfernen.
4. Dillkraut fein hacken. Mit Joghurt, 3 Eßlöffeln Gurkensud und einigen Tropfen Sherryessig verrühren. Gurken untermischen, mit Salz und Pfeffer abschmecken.

Dazu: Baguette oder Reiskrusten (siehe Seite 100).

TINTENFISCHSALAT MIT MINZE

Für 4 Portionen

500 g küchenfertiger Tintenfisch
Salz
1 große Tomate
2 kleine rote Zwiebeln
1 rote Pfefferschote
1 grüne Pfefferschote
1 Handvoll Minzeblättchen
3 EL Zitronensaft
grobes Meersalz
weißer Pfeffer

Pro Portion 100 Kalorien
Zubereitung: 30 Minuten

1. Tintenfisch kalt abspülen und in reichlich kochendem Salzwasser etwa 3 Minuten sprudelnd kochen lassen. Herausnehmen und in mundgerechte Stücke schneiden.
2. Tomate häuten, vierteln und in Streifen schneiden. Dabei Stielansatz und Kerne entfernen. Geschälte Zwiebeln in feine Ringe schneiden. Entkernte Pfefferschoten und Minze in feine Streifen schneiden.
3. Tintenfisch, Tomate, Zwiebeln, Pfefferschoten, Minze und Zitronensaft vermischen und auf Tellern anrichten. Mit Meersalz – am besten aus der Mühle – und frisch gemahlenem Pfeffer würzen.

Es gibt so viele Minzearten, daß selbst Fachleute nicht alle aufzählen können. Welche Sie für Salat wählen, richtet sich also nur nach Ihrer Vorliebe für Menthol: grüne oder rötliche Pfefferminze enthält am meisten davon, Krause Minze weniger und schmeckt deshalb nicht so intensiv und pfeffrig, sondern leicht süßlich.

MARINIERTER THUNFISCH UND TOFU

Limetten, vor einigen Jahren noch exklusive Zutat feiner Küche und entsprechend schwer zu kriegen, können Sie heute das ganze Jahr über im Gemüsehandel und in gut sortierten Supermärkten kaufen. Es gibt zwei Formen: kleine, runde Früchte mit vielen Kernen und sehr aromatischem Fruchtfleisch und etwa eigroße, kernlose Limetten, denen man mit den Kernen auch einen Teil des Aromas weggezüchtet hat. Der Vorteil von Limetten: Sie sind etwa doppelt so saftig wie Zitronen, schmecken jedoch trotz des hohen Säuregehaltes milder und aromatischer. Mit der – meist unbehandelten – Schale können Sie ebenso fein würzen wie mit dem Saft. Außerdem wirken die hübschen, glänzenden Früchte mit dem grünlichen Fleisch äußerst dekorativ.
Falls Sie keine Limetten bekommen, können Sie auch die halbe Menge Zitrone nehmen.

Für 4 Portionen

200 g Thunfisch ohne Haut und Gräten
Saft von 2 Limetten
2 EL helle Sojasauce
1 TL gemahlener Koriander
1 TL Salz
1 TL Zucker
200 g Tofu
weißer Pfeffer
3 EL Anis-Branntwein
2 EL frisch gehacktes Fenchelgrün
Vinaigrette:
2 EL Aceto Balsamico (Balsamessig)
2 EL Weißweinessig
2 TL geriebener Meerrettich
1 Messerspitze Ingwerpulver
1 Messerspitze Zucker
Salz
8 EL Erdnußöl

Pro Portion 412 Kalorien
Zubereitung: 1 Stunde
Marinierzeit: 4 Stunden

1. Thunfisch in einen tiefen Teller legen. Limettensaft mit Sojasauce, Koriander, Salz und Zucker verrühren und darüber gießen. Fisch zugedeckt im Kühlschrank 2 Stunden marinieren.
2. Thunfisch aus der Marinade nehmen und in 6 dünne Scheiben schneiden. Das geht am besten mit einem elektrischen Messer. Tofu in 7 Scheiben schneiden und mit Salz und Pfeffer würzen.
3. Abwechselnd Tofu- und Fischscheiben wie einen Turm auf eine Platte schichten, dabei die Fischscheiben jeweils mit Anis-Branntwein beträufeln und mit Fenchelgrün bestreuen.
4. Den Turm mit einem Teller abdecken und beschweren – am besten mit einem Butterpäckchen. Im Kühlschrank 2 Stunden marinieren.
5. Für die Vinaigrette alle Zutaten verrühren und bis zum Servieren zugedeckt kühlen.
6. Tofu und Fisch mit einem scharfen Messer mit dünner Klinge vorsichtig in Scheiben schneiden, auf Tellern anrichten und mit der Vinaigrette beträufeln.

Dazu: Rohe Gemüsestreifen von Möhren, Zucchini und Fenchel. Außerdem eventuell Weißbrot.

Thunfisch, weltweit verbreitet und gefangen, ist der größte unter den Speisefischen. Der Rote Thun mit rötlichem Fleisch, das ähnlich wie Putenfleisch sieben Geschmacksvarianten hat, kann mehr als 3 Meter lang und bis zu 300 Kilo schwer werden. Weißer Thun ist kleiner und leichter – etwa 1 Meter lang und 30 Kilo schwer. Sein besonders aromatisches Fleisch eignet sich sehr gut zum Grillen und Braten.
Bonito, der kleinste Thun, bevorzugter Speisefisch der Japaner, wird nicht nur frisch verzehrt, sondern auch als Suppenwürze (siehe Rezept Seite 39) verwendet: von den geräucherten und getrockneten, knochenharten Stücken schabt man Flocken in die Brühe. Inzwischen gibt es auch fertige Bonitoflocken und -pulver als Würze. Frischen Bonito bekommt man bei uns nur selten. Auch nach getrocknetem Bonito, Flocken oder Pulver müssen Sie vielleicht ein wenig suchen.
Es gibt ihn nur in Asienshops, manchen makrobiotischen Lebensmittelläden und Feinkostgeschäften.

Fischsalat mit Ingwer

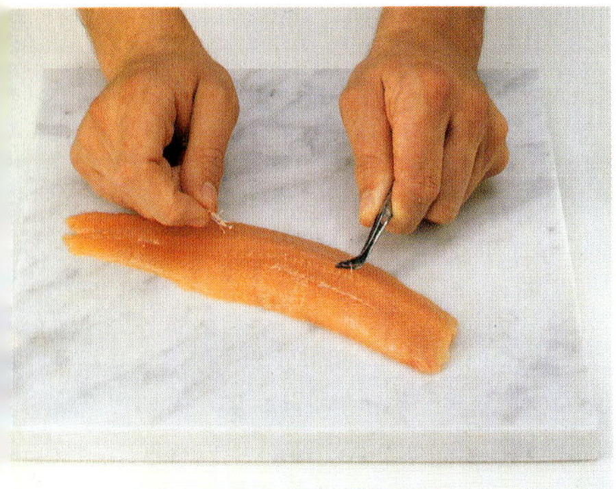

Für 4 Portionen

10 kleine, vollreife Tomaten
2 Sternanis
500 g Fischfilets von Heilbutt, Lachsforelle und Kabeljau gemischt
Saft von 1 Zitrone
grobes Meersalz
1 Stück Ingwerknolle (etwa 5 cm lang)
8 Frühlingszwiebeln
4 große Tomaten
eventuell Tomatensaft
2 EL Himbeeressig
3 EL Maiskeimöl
1 Prise Zucker
Salz
Pfeffer
1/2 Bund Dill

Pro Portion 265 Kalorien
Zubereitung: 1 1/4 Stunden
Ruhezeit: 12 Stunden

1. Die kleinen Tomaten waschen, die Stielansätze mit einem spitzen, kleinen Messer kreisförmig herausschneiden. Tomaten mit einem Sternanis im Mixer pürieren.
2. Ein Sieb über eine Schüssel hängen und mit einem Küchentuch auslegen. Das Tomatenpüree in das Tuch geben. Das Tuch oben wie einen Sack zusammenbinden und etwa 12 Stunden oder über Nacht so aufhängen, daß der Tomatensaft in die Schüssel abtropfen kann.
3. Den Fisch auf die Arbeitsfläche legen. Möglichst alle Gräten mit einer Pinzette herauszupfen. Filets in etwa 3 cm große Stücke schneiden. Mit Zitronensaft und Meersalz aus der Mühle mischen.
4. Ingwerknolle wie eine Kartoffel schälen und zuerst in Scheibchen, dann in dünne Stifte schneiden. Frühlingszwiebeln von Wurzelansätzen und welken Blättern befreien, waschen, der Länge nach halbieren und in etwa fingerlange Stücke schneiden.
5. Die großen Tomaten mit kochendem Wasser übergießen, kurz darin ziehen lassen und in einer Schüssel mit kaltem Wasser und einigen Eiswürfeln abschrecken. Die Haut abziehen, die Tomaten vierteln. Stielansätze und alle Kerne entfernen. Restlichen Sternanis im Mörser zerreiben.
6. Den aufgefangenen Saft des Tomatenpürees abmessen: es sollten etwa 200 ml sein. Gegebenenfalls mit Tomatensaft auffüllen. Mit Ingwer und Sternanis aufkochen. Fischstücke darin bei schwächster Hitze 3 Minuten ziehen lassen. Herausnehmen und auf Tellern anrichten.
7. Frühlingszwiebeln, Tomaten, Essig, Öl, Zucker, Salz und Pfeffer aus der Mühle zum Tomatensaft in den Topf geben und einmal kräftig aufkochen lassen. Etwas abgekühlt über dem Fisch verteilen. Fein gehackten Dill darüberstreuen.

Grüne Blätter von Gemüse enthalten Magnesium. Diesen Mineralstoff brauchen wir, um Nährstoffe wie Eiweiß, Kohlenhydrate und Fett zu verwerten. Deshalb nicht nur das Weiße, sondern auch möglichst viel Grün von Frühlingszwiebeln und Porree verwenden. Fenchelgrün und die zarten Blättchen von Möhren, Sellerie, Rettich, Radieschen und Kohlrabi können Sie wie Kräuter hacken und zum Schluß über das fertige Gericht streuen.

Glasnudelsalat mit Tofu

Für 4 Portionen

150 g Glasnudeln
1 Grapefruit
Saft von 2 Limetten
1 EL Erdnußkerne
1 EL Sesamsamen
1 kleine rote Paprikaschote
1 grüne Pfefferschote
1 kleine rote Zwiebel
6 Pfefferminzblätter
Salz
weißer Pfeffer
200 g Tofu
3 Knoblauchzehen
2 EL Haselnußöl
1 EL Maiskeimöl
Pfefferminze zum Garnieren

Pro Portion 313 Kalorien
Zubereitung: 45 Minuten

1. Glasnudeln in einer Schüssel mit kochendem Wasser übergießen und 10 Minuten ziehen lassen. Abgießen und abtropfen lassen.
2. Grapefruit schälen und über einer Schüssel filieren: Die Filets mit einem spitzen kleinen Messer herausschneiden.
Den abtropfenden Saft in der Schüssel auffangen und mit dem Limettensaft mischen. Erdnüsse im Mixer zerkleinern. Nüsse in einer Pfanne ohne Fettzugabe unter Rühren etwa 3 Minuten rösten. Nüsse herausnehmen, Sesamsamen ebenfalls rösten. Grapefruit, Nüsse und Samen getrennt auf Tellern beiseite stellen.
3. Paprikaschote und Pfefferschote halbieren, von Stiel und Kernen befreien und in feine Streifen schneiden. Geschälte, halbierte Zwiebel und Pfefferminze ebenfalls in feine Streifen schneiden.
4. Glasnudeln mit Grapefruit, Nüssen, Sesam, Paprika, Pfefferschote, Zwiebeln, Pfefferminze und Saftmischung in einer Schüssel verrühren. Mit Salz und Pfeffer würzen.
5. Tofu trockentupfen und in Scheiben schneiden. Knoblauch hacken. Haselnußöl in einer Pfanne erhitzen. Tofuscheiben bei mittlerer Hitze pro Seite etwa 1 Minute braten. Maiskeimöl zugeben, Knoblauch zufügen und bei schwacher Hitze anbraten.
6. Glasnudelsalat und Tofuschnitzel auf Tellern anrichten. Mit dem gerösteten Knoblauch bestreuen und mit Pfefferminze garnieren.

Menschen, die vorwiegend vegetarisch essen, brauchen Nüsse und Samen. Denn es sind fettreiche Energiespender und wichtige Eiweißquelle: kombiniert mit Reis, Nudeln oder Hülsenfrüchten – all den Lebensmitteln also, die man in Asien traditionell ißt –, liefern sie hochwertiges Protein, das der Organismus so gut wie Fleisch verwerten kann. Außerdem gehören Nüsse und Samen zu den wenigen pflanzlichen Lebensmitteln, die reichlich Calcium enthalten.

Krabbensalat mit Sojasprossen

Sprossen aß man in China schon vor 5000 Jahren. Und durch die China-Küche haben wir sie vor einigen Jahrzehnten auch kennengelernt. Frische Sojasprossen, mit dem Phantasienamen »Lunja« im Handel, bekommen Sie in Supermärkten, Reformhäusern und Naturkostläden. Nehmen Sie entweder offene Ware oder, falls in Folienbeuteln verpackt, nur geschlossene, noch nicht aufgeblähte Beutel – am besten aus der Kühltheke.
Rohe Sprossen verträgt nicht jeder. Deshalb auf einem Sieb mit kochendem Wasser übergießen oder – wie im Rezept auf Seite 14 – kurz braten.

Für 6 Portionen

50 g Zucker
1/2 l Fischfond (siehe unten)
Saft von 4 Limetten
80 ml Maiskeimöl
275 g eingelegte, geschälte Krabben
275 g Sojasprossen
8 Frühlingszwiebeln
1/2 Bund Petersilie
Salz
weißer Pfeffer
Petersilie zum Garnieren

Pro Portion 375 Kalorien
Zubereitung: 1 Stunde

1. Zucker in eine Pfanne geben und bei schwacher bis mittlerer Hitze unter Rühren schmelzen und hellgelb werden lassen.
2. Fischfond und Limettensaft zufügen, aufkochen und den Sud bei starker Hitze unter Rühren auf etwa 1/3 einkochen. In einer Schüssel mit dem Öl verrühren und lauwarm abkühlen lassen.
3. Krabben zugedeckt darin ziehen lassen, bis die Sprossen fertig sind.
4. Sprossen waschen und trockenschwenken. Frühlingszwiebeln putzen, waschen und in feine Ringe schneiden. Petersilie fein hacken.
5. Alle diese Zutaten mit den Krabben mischen. Salat mit Salz und Pfeffer aus der Mühle würzen, auf Tellern verteilen und mit Petersilie garnieren.

Fischfond können Sie selbst kochen: Die Anleitung dazu finden Sie auf Seite 52 beim Rezept »Seezunge mit Avocadodip«. Oder Sie nehmen fertigen Fischfond aus dem Glas, den es in Feinkostgeschäften und gut sortierten Supermärkten zu kaufen gibt.

SALAT MIT SPARGEL UND LACHS

Für 4 Portionen

500 g grüner Spargel
3 Schalotten
1 mittelgroße Möhre
1 Bund Basilikum
80 ml Aceto Balsamico (Balsamessig)
Salz
weißer Pfeffer
1/8 l Traubenkernöl
800 g Lachsfilet
1 l Wasser
1 EL Jasmintee-Blätter

Pro Portion 772 Kalorien
Zubereitung: 50 Minuten

1. Spargel waschen, die unteren holzigen Enden entfernen. Stangen mit einem Gemüsemesser der Länge nach in dünne Scheiben schneiden. Schalotten hacken, geschälte Möhre klein würfeln. Basilikumstiele entfernen, Blätter in feine Streifen schneiden.
2. Essig, Salz, Pfeffer aus der Mühle und Öl in einer Schüssel verrühren. Spargel, Schalotten, Möhre und Basilikum damit mischen und zugedeckt ziehen lassen, bis der Fisch fertig ist.
3. Lachsfilets in 4 Stücke teilen. Wasser aufkochen, über den Tee gießen und 5 Minuten ziehen lassen. Tee in einen Kochtopf abgießen und erneut aufkochen.
4. Lachs in den heißen Tee legen und zugedeckt bei schwächster Hitze in etwa 6 Minuten gar ziehen lassen.
5. Salat auf Tellern verteilen. Lachsstücke daneben anrichten, mit Salz und Pfeffer aus der Mühle würzen. Marinade über den Salat und den Fisch geben.

Ein Gemüse, zart und saftig wie Spargel: Bambussprossen, die jungen Schößlinge des tropischen Grases, werden gestochen, wenn sie etwa 30 cm lang sind. Falls Sie frische Sprossen bekommen, greifen Sie zu. Aber nicht roh essen wie Spargel, sondern kochen oder braten. Denn manche Bambusarten enthalten giftige Blausäure, die erst durch Garen unschädlich wird.

GEMÜSEBRÜHE MIT ZUCCHINIBLÜTEN

Ingwer stammt von einem Liliengewächs gleichen Namens mit irisähnlichen Blüten und Blättern wie Schilfrohr. Sobald die Pflanze zu welken beginnt, erntet man ihre weißen bis gelblichen Wurzelknollen. Angebaut wird Ingwer seit rund 4000 Jahren – zuerst in seiner Heimat Südostasien, später in Indien und Ostafrika. In Südeuropa ist Ingwer seit der Antike bekannt: Schon die Römer würzten ihre Fleischspeisen mit Ingwer aus dem heutigen Somalia. Früher zählte Ingwer zu den wichtigsten und teuersten Gewürzen: im 16. Jahrhundert war ein Pfund Ingwer etwa soviel wert wie ein Schaf. Ingwer gibt es als scharfes Pulver, als getrocknete, nicht besonders aromatische Stücke, kandiert wie Konfekt oder eingelegt wie Mixed Pickles zu kaufen. Besonders fruchtig, mild und aromatisch schmeckt die frische Wurzel: dünn schälen oder schaben, fein hacken, raspeln oder wie Knoblauch durch die Presse drücken. Zum Aufbewahren legen Sie die Knolle ins Gemüsefach des Kühlschranks.

Für 4 Portionen

Gefüllte Blüten:
8 kleine Zucchini mit Blüten
130 g Forellenfilet
1 kleine Möhre (ca. 40 g)
1 Eiweiß
8 Basilikumblättchen
Salz
weißer Pfeffer
1/2 TL Zitronensaft
Gemüsebrühe:
1 mittelgroße Zwiebel
1 Knoblauchzehe
1 Stück frische Ingwerwurzel (ca. 30 g)
30 g Knollensellerie
1 mittelgroße Möhre
1 mittelgroße Frühlingszwiebel
1 kleine Stange Porree
1 EL Öl
5 Pfefferkörner
1/2 TL Safranfäden
1 TL Salz
1 l Wasser

Pro Portion 105 Kalorien
Zubereitung: 1 3/4 Stunden

1. Die Zucchini mit den Blüten waschen und sehr gut trockentupfen. Die Narbe mit den Staubgefäßen im Inneren der Zucchiniblüte mit einer Pinzette abknipsen. Die Zucchini auf die Arbeitsfläche legen. Jeden Zucchino gut fingerbreit unterhalb des Blütenansatzes mit einem scharfen, kleinen Messer einige Male der Länge nach fächerförmig einschneiden.
2. Forellenfilet fein hacken, geschälte Möhre in ganz kleine Würfel schneiden. Beide Zutaten mit dem Eiweiß in eine Schüssel geben. Mit einem Kochlöffel so lange kräftig durchrühren, bis die Fischfarce leicht zäh ist. Basilikum in feine Streifen schneiden und mit Salz, Pfeffer aus der Mühle und Zitronensaft daruntermischen.
3. Jede Zucchiniblüte vorsichtig mit der Farce füllen – das geht am besten mit einem Teelöffel. Die Blütenblätter sanft an die Fischfarce drükken. So halten sie auch beim Garen gut zusammen.
Die gefüllten Blüten kühlen, bis die Brühe zubereitet ist.
4. Zwiebel, Knoblauch, Ingwer, Sellerie und Möhre schälen und in kleine Würfel schneiden. Frühlingszwiebel und Porree von den Wurzelansätzen und den welken grünen Blättern befreien, der Länge nach halbieren, waschen und quer in Stücke schneiden.
5. Öl in einem großen Topf erhitzen. Zwiebel, Knoblauch, Ingwer und alle anderen zerkleinerten Gemüse bei mittlerer Hitze unter Rühren darin anbraten. Pfefferkörner, Safran, Salz und Wasser zugeben. Einmal aufkochen und bei schwacher Hitze 30 Minuten sanft kochen lassen.
6. Brühe durch ein feines Sieb gießen, Gemüse wegwerfen, Brühe erneut erhitzen. Zucchiniblüten darin bei schwächster Hitze in etwa 7 Minuten gar ziehen, aber nicht kochen lassen.
7. Brühe mit Salz abschmekken und auf Tellern verteilen. Zucchini mit einem Schaumlöffel herausnehmen, Blüten vorsichtig halbieren und in der Brühe anrichten.

Sogenannte Baby-Zucchini mit Blüten sind keine spezielle Züchtung, sondern jung geerntete Früchte, die noch die Blüte tragen. Aufgrund der großen Nachfrage werden sie oft recht teuer verkauft – manchmal sogar ähnlich aufwendig verpackt wie Orchideen. Doch Sie bekommen die Blüten im Juli und August auch preiswert beim Gärtner. Oder Sie können sie selbst auf Gemüseplantagen pflücken, die es in den Außenbezirken von Großstädten immer häufiger gibt.

Wan-Tan-Suppe

Für 4 Portionen

Füllung:
70 g Schweinefleisch
100 g Scampifleisch (Kaisergranat)
1 Messerspitze Zucker
1 Messerspitze gemahlener Koriander
1 EL Sojasauce
Salz
weißer Pfeffer
1/2 EL Sesamöl
1/2 EL Koriander- oder Petersilienblätter
1 Eigelb
Hühnerbrühe:
1 Suppenhuhn (ca. 1,2 kg)
1 kleine Stange Porree
1 Möhre
200 g Knollensellerie
1 Tomate
1/2 Bund Petersilie
1 kleine Zwiebel
1200 ml Wasser
1/4 l trockener Weißwein
5 cl trockener Sherry
Salz
1 TL weiße Pfefferkörner
1 Lorbeerblatt
1 Thymianzweig
Wan-Tan-Teig:
120 g Mehl
1 Messerspitze Backpulver
Salz
1 Ei
2 Eigelbe zum Bestreichen
Suppeneinlage:
1 Handvoll Spinat
50 g Champignons
1 TL Zitronensaft

Pro Portion 330 Kalorien
Zubereitung: 2 Stunden
Marinierzeit: 2 Stunden

1. Gewürfeltes Fleisch, Scampi, Zucker, Korianderpulver, Sojasauce, Salz und Pfeffer aus der Mühle mischen und zugedeckt 2 Stunden im Kühlschrank marinieren. Korianderblätter und Eigelb für die Füllung beiseite stellen.
2. Inzwischen die Brühe kochen: Huhn in 10 Stücke schneiden. Porree putzen, Möhre und Knollensellerie schälen, Tomate und Petersilie waschen. Alles grob zerkleinern. Zwiebel halbieren. Huhn, zerkleinertes Gemüse, Tomate, Petersilie, Zwiebel, Wein, Sherry, Salz, Pfefferkörner, Lorbeerblatt und Thymianzweig in einen Topf geben. Wasser zugießen und etwa 1 Stunde bei schwacher bis mittlerer Hitze langsam köcheln lassen. Dabei immer wieder mit einer Schaumkelle abschäumen.
3. Huhn aus der Brühe nehmen und für ein anderes Gericht verwenden. Ein Sieb mit einem Küchentuch auslegen, gegarte Brühe durchgießen. Gemüse und Gewürze wegwerfen. Ein Stück Küchenpapier über die Brühe ziehen, um den größten Teil des Fettes zu entfernen.
4. Während die Brühe gart, für den Teig Mehl, Backpulver, Salz und Ei in einer Schüssel vermischen. Teig mit den Händen so lange kneten, bis er glatt und geschmeidig ist. Mit einem feuchten Tuch bedeckt 30 Minuten ruhen lassen.
5. Inzwischen die Füllung fertigstellen: Marinierte Fleischmischung fein zerkleinern. Gehackten Koriander und Eigelb untermischen.
6. Teig in zwei Portionen teilen. Jede Portion in der Nudelmaschine zu einer dünnen Platte ausrollen. Teigplatten an den Seiten gerade schneiden und auf Küchentüchern ausgebreitet 10 Minuten trocknen lassen.
7. Teigplatten in Rechtecke von etwa 9 mal 5 cm schneiden und an den Rändern mit Eigelb bestreichen. Füllung auf den Teigstücken verteilen. Stücke aufrollen und halbrund biegen.
8. Brühe aufkochen, Wan-Tans zugeben, erneut aufkochen und zugedeckt bei mittlerer Hitze etwa 8 Minuten garen.
9. Inzwischen Spinat putzen und waschen. Geputzte Pilze in Scheiben schneiden und mit dem Zitronensaft vermischen, damit sie sich nicht verfärben. Beide Zutaten in der Brühe einmal aufkochen. Suppe mit Salz und Pfeffer abschmecken.

Einfacher geht es so: Teigstücke zu Quadraten von etwa 8 mal 8 cm schneiden und zu Dreiecken zusammenklappen.

HÜHNERBRÜHE MIT FLEISCHBÄLLCHEN

Für 4 Portionen

Brühe:
1 kleine grüne Pfefferschote
1 TL Öl
1 EL Korianderkörner
1 l Geflügelbrühe
Fleischbällchen:
200 g mageres Schweinefleisch
1 kleine Zwiebel
2 Knoblauchzehen
1 kleines Stück Ingwerwurzel
1 TL Korianderblätter
1 Ei
Salz
weißer Pfeffer
1 EL Koriander- oder Petersilienblätter zum Bestreuen

Pro Portion 153 Kalorien
Zubereitung: 45 Minuten

1. Pfefferschote halbieren, Stiel und alle Kerne entfernen. Schotenhälften kalt abspülen, trockentupfen und hacken. Öl in einem Topf erhitzen, Pfefferschote und Korianderkörner darin bei mittlerer Hitze einige Sekunden anbraten. Geflügelbrühe zugießen, aufkochen und 20 Minuten bei schwächster Hitze ziehen lassen.
2. Schweinefleisch durch die feine Scheibe des Fleischwolfs drehen. Zwiebel, Knoblauch und Ingwer schälen und ebenfalls fein zerkleinern. Korianderblätter hacken.
3. Alles mit dem Ei zu einem Fleischteig mischen, mit Salz und Pfeffer aus der Mühle kräftig abschmecken. Aus dem Teig mit nassen Händen 8 Bällchen formen.
4. Einen Topf etwa 3 cm hoch mit Wasser füllen. Ein Förmchen oder eine Tasse umgedreht hineinstellen und ein Bambuskörbchen (oder einen Siebeinsatz) daraufgeben. Körbchen mit Pergamentpapier auslegen. Das Papier mit etwas Öl bestreichen, Fleischbällchen darauflegen und zugedeckt bei mittlerer Hitze etwa 8 Minuten dämpfen.
5. Die Geflügelbrühe durch ein Sieb gießen und wieder erhitzen. Fleischbällchen in tiefen Tellern anrichten, Brühe darübergießen. Mit Koriander- oder Petersilienblättchen garniert anrichten.

Sie können auch Gemüsebrühe verwenden – entweder als Instant-Brühe, die Sie in Naturkostläden und Reformhäusern bekommen, oder selbst gekocht: 500 g Staudensellerie, 1 große Fenchelknolle, 300 g Möhren, 250 g Porree, je 1 Petersilienwurzel, Zwiebel und Knoblauchzehe fein zerkleinern und mit 1 Bund Petersilie, 1 Lorbeerblatt, einigen Wacholderbeeren, weißen Pfefferkörnern, Thymian und $1^1/_2$ l Wasser aufkochen und zugedeckt bei schwacher Hitze 30 Minuten kochen. Durch ein Sieb gießen, Gemüse ausdrücken und wegwerfen. Die Brühe in einem festverschlossenen Gefäß im Kühlschrank höchstens drei Tage aufbewahren. Oder – genau wie Fleisch- und Geflügelbrühen – auf Vorrat kochen und portionsweise nach dem Auskühlen einfrieren; sie hält sich etwa drei Monate.

Kokosmilchsuppe mit Fisch

Pfefferschoten – auch Chillischoten oder Chillies genannt – sind die oft höllisch scharfen Verwandten des Gemüsepaprikas. Wer scharfes Essen noch nicht so gewohnt ist, sollte beim Würzen erst mal vorsichtig sein: Mild schmeckt das Gericht, wenn Sie die Pfefferschote zwar entkernen, jedoch unzerkleinert mitgaren und vor dem Servieren wieder entfernen. Mittelscharf wird es mit der zerkleinerten Schote ohne Kerne. Sehr scharf schmeckt das Essen, wenn Sie die zerkleinerte Schote und die Kerne verwenden. Andere Möglichkeit: Cayennepfeffer, also die getrockneten, fein gemahlenen Pfefferschoten nehmen und nach Geschmack dosieren.

Für 4 Portionen

250 g Goldbarsch- oder Zanderfilet
100 g weiße Champignons
Saft von 1 Limette
1 TL Maisstärke
1 EL kaltes Wasser
250 ccm Fischfond (siehe Seite 26)
200 g Kokoscreme (Dose)
Salz
weißer Pfeffer
1 grüne Pfefferschote
1 TL Korianderblättchen
eventuell einige Kapuzinerkresseblätter

Pro Portion 190 Kalorien
Zubereitung: 40 Minuten

1. Fischfilet mit einer Pinzette von allen Gräten befreien und in etwa 1 cm große Würfel schneiden. Champignons putzen, mit einem feuchten Tuch abwischen, blättrig schneiden und mit 1 Teelöffel Limettensaft vermischen, damit sie sich nicht verfärben.
2. Maisstärke mit dem Wasser verrühren. Mit dem Fischfond und der Kokoscreme in einen Topf geben und aufkochen, bis die Brühe bindet.
3. Die Hitze reduzieren. Fisch und Pilze in die Suppe geben und bei schwächster Hitze zugedeckt 2 Minuten ziehen lassen, bis die Fischwürfel gerade eben gar sind.
4. Suppe mit dem restlichen Limettensaft, Salz und Pfeffer aus der Mühle abschmecken und auf heißen Tellern verteilen.
5. Pfefferschote halbieren, Stiel und alle Kerne entfernen. Schotenhälften waschen, trockentupfen und in hauchfeine Streifen schneiden. Korianderblättchen hacken. Blätter der Kapuzinerkresse waschen und in feine Streifen schneiden. Suppe mit Pfefferschote und Kräutern bestreut servieren.

In Asien spielt die Natur eine viel größere Rolle als bei uns. Deshalb ordnet man in Japan viele Lebensmittel einer bestimmten Jahreszeit zu, stimmt Tischdekoration und Speisenfolge aufeinander ab. In Thailand schmücken leuchtende Blumengirlanden Festtagstafel und Essen. Zum Garnieren von Suppen und Salaten, Fruchtcocktails und Bowlen nimmt man natürlich nur eßbare Blüten – zum Beispiel leuchtende Kapuzinerkresse wie auf dem Foto. Oder zartblaue Blüten von Borretsch, violette von Oregano, Lavendel, Gundermann, Rosmarin und Salbei, weiße Gänseblümchen und Taubnesseln. Köche fast aller Länder verwandeln Blumen auch seit langer Zeit in Eßbares: In China serviert man zu einem bestimmten Hühnchengericht fritierte Chrysanthemenblätter. Oder denken Sie an kandierte Veilchen, gebackene Holunderblüten und Rosenblätter (siehe Rezept Seite 133).

GEMÜSEBRÜHE MIT INGWER

Die grünen, glatten oder krausen Blätter der Petersilie sind Standardgewürz unserer Küche. Und Wurzelpetersilie gilt vorwiegend als Suppenwürze. Doch das feine Wintergemüse, das wie süße Möhren schmeckt, können Sie auch als Rohkost mit herzhaftem Dressing, gedünstet mit Sauce (Rezept Seite 54) oder fritiert zubereiten.

Für 4 Portionen

2 Schalotten
1 Knoblauchzehe
1 Stück Ingwerwurzel
100 g Petersilienwurzeln
2 mittelgroße Möhren
1 kleine Porreestange
1/4 Fenchelknolle
1 TL Butter
Saft von 2 Orangen
1/2 l Geflügelbrühe
Salz
1 Prise gemahlener Anis
1 Handvoll Kerbelblättchen

Pro Portion 90 Kalorien
Zubereitung: 40 Minuten

1. Schalotten, Knoblauch, Ingwer, Petersilienwurzeln und Möhren schälen und fein zerkleinern. Porreestange vom Wurzelansatz und den welken Blättern befreien, längs halbieren, waschen und mit einem Gemüsemesser fein zerkleinern. Fenchel putzen, waschen und in feine Scheiben schneiden.
2. Butter in einem Topf zerlassen. Schalotte, Knoblauch, Ingwer und zerkleinertes Gemüse darin bei mittlerer Hitze unter Rühren anbraten.
3. Orangensaft zugießen und weiterrühren, bis die Flüssigkeit dick eingekocht ist. Brühe zugießen, aufkochen und zugedeckt bei schwacher Hitze 5 Minuten garen.
4. Die Suppe pürieren, mit Salz und Anis würzen und auf heißen Tellern oder Schälchen verteilen. Mit den Kerbelblättchen garnieren.

GLASNUDELSUPPE MIT EIERBLUMEN

Für 4 Portionen

1 Stange Sellerie
1/2 Bund Schnittlauch
2 Eier
40 g Glasnudeln
1 l Geflügelbrühe
1 Messerspitze Ingwerpulver
1 Prise Zimtpulver
1 Prise gemahlener Anis
Salz
Cayennepfeffer

Pro Portion 130 Kalorien
Zubereitung: 30 Minuten

1. Selleriestange waschen und mit einem scharfen kleinen Messer in sehr feine Streifen schneiden. Schnittlauch in feine Röllchen schneiden. Eier in einer Schüssel mit einem Schneebesen verrühren. Glasnudeln mit kochendem Wasser übergießen und kurz darin aufquellen lassen. Nach Wunsch mit einer Küchenschere in kleinere Stücke schneiden.

2. Geflügelbrühe mit Ingwer, Zimt und Anis in einem Topf zum Kochen bringen. Sellerie darin aufkochen. Eier hineinrühren. Topf sofort von der Kochstelle ziehen. Suppe mit Salz und Cayennepfeffer abschmecken.

3. Die Glasnudeln abgießen und gut trockenschwenken. Mit den Schnittlauchröllchen auf heißen Tellern verteilen. Suppe darübergießen.

Fadendünne Glasnudeln, die beim Einweichen transparent und etwas glibberig werden, bestehen aus Wasser und der Stärke von Kartoffeln und Mungobohnen. Glasnudeln sind auch bei uns nichts Exotisches mehr, sondern in fast jedem Supermarkt zu bekommen.

SAURE SUPPE MIT SEEZUNGE

Für 4 Portionen

Knochenbrühe:
800 g Schweineknochen
100 g Porree, Knollensellerie und Möhren gemischt
1 kleine Zwiebel
1 Knoblauchzehe
8 weiße Pfefferkörner
1 Lorbeerblatt
Salz
1 l kaltes Wasser
Suppeneinlage:
1 Stange Sellerie
1 kleine rote Pfefferschote
200 g Seezungenfilet
3 Knoblauchzehen
1 TL Maisstärke
1 EL kaltes Wasser
2 EL Weißweinessig
1 TL Maiskeimöl
weißer Pfeffer
1 EL gehackte Kerbelblättchen

Pro Portion 132 Kalorien
Zubereitung: 2 1/4 Stunden

1. Knochen vom Metzger in etwa walnußgroße Stücke hacken lassen. Mit kochendem Wasser übergießen und wieder abgießen.
2. Porree putzen und waschen, Möhre und Sellerie gründlich waschen, aber nicht schälen. Alles in grobe Stücke schneiden. Ungeschälte Zwiebel und Knoblauch halbieren.
3. Alle diese Zutaten, die Knochen, die Pfefferkörner, Lorbeerblatt und Salz in einen Topf geben. Das kalte Wasser zugießen und langsam zum Kochen bringen. Einen Kochlöffel zwischen Topf und Deckel legen. Brühe bei mittlerer bis schwacher Hitze 2 Stunden köcheln lassen. Die Temperatur ist richtig, wenn in der Brühe ständig kleine Bläschen aufsteigen, die Flüssigkeit aber nicht sprudelnd kocht.
4. Brühe durch ein Sieb gießen, das mit einem Küchentuch ausgelegt ist. Ein Stück Küchenpapier über die Brühe ziehen, um den größten Teil des Fettes zu entfernen.
5. Sellerieblättchen abschneiden und zum Bestreuen der Suppe beiseite legen. Stange waschen und in feine Scheiben schneiden. Pfefferschote der Länge nach halbieren. Den Stielansatz und alle Kerne entfernen. Schotenhälften waschen und in hauchdünne Streifen schneiden.
6. Seezunge mit einer Pinzette von allen Gräten befreien und mit einem scharfen Messer quer zu den Fasern in etwa fingerbreite Streifen schneiden. Knoblauchzehen schälen und hacken.
7. Speisestärke mit dem Wasser glattrühren. Die Brühe mit dem Essig aufkochen. Sellerie und Pfefferschote darin etwa 1 Minute kochen lassen. Angerührte Speisestärke untermischen, Suppe damit binden.
8. Das Öl in einer Pfanne erhitzen. Den Knoblauch darin bei schwacher bis mittlerer Hitze unter Rühren etwa 2 Minuten braten. Herausnehmen und in die Suppe geben.
9. Die Seezungenstreifen nebeneinander in die Pfanne legen und bei schwacher Hitze knapp 1 Minute braten, dabei einmal wenden. Mit Salz und Pfeffer aus der Mühle würzen.
10. Suppe in Teller geben. Seezungenstreifen, gehackte Sellerieblättchen und Kerbel auf den Suppentellern verteilen.

Die Seezunge in der Pfanne nicht gar braten, denn sie zieht in der heißen Suppe noch nach und könnte sonst trocken werden.

MISOSUPPE MIT MEERESFRÜCHTEN

Für 4 Portionen

5 g Wakame
1 l Geflügelfond
1 EL getrocknete Bonitoflocken
100 g rohes Lachsfilet
4 Rotbarbenfilets
4 Seezungenfilets
4 rohe Kaisergranatschwänze
1 kleiner Zucchino
1 Stück Rettich (ca. 50 g)
1 TL helle Misopaste
1 TL gehackte Kerbelblättchen

Pro Portion 272 Kalorien
Zubereitung: 1 1/4 Stunden

1. Wakame in einer Schüssel mit lauwarmem Wasser bedekken und zugedeckt 20 Minuten ziehen lassen. Herausnehmen und zerkleinern.
2. Fond mit Bonitoflocken aufkochen und 10 Minuten bei schwächster Hitze ziehen lassen.
3. Währenddessen Fischfilets und Granatschwänze in Würfel schneiden. Den Zucchino waschen, Stiel- und Blütenansatz abschneiden. Zucchino und geschälten Rettich in streichholzdünne Stifte schneiden.
4. Fond durch ein Sieb gießen, aufgefangene Bonitoflocken wegwerfen. Miso in einem Schälchen mit etwas Fond glattrühren. Fond erneut aufkochen, Miso untermischen. Gemüse zugeben und 1 Minute kochen lassen.
5. Topf von der Kochstelle nehmen. Fisch, Kaisergranat und Wakame in den Fond geben und zugedeckt bei schwächster Hitze 1 bis 2 Minuten ziehen lassen. In Schälchen füllen und mit Kerbel bestreut sofort servieren.

Drei Zutaten finden Sie in diesem Rezept, die Sie vielleicht noch nicht verwendet haben: Miso, Wakame und Bonitoflocken. Die Flocken sind auf Seite 22 erklärt.
Wakame ist ein Meeresgemüse mit hohem Calcium- und Jodgehalt, sehr beliebt in der japanischen Küche und bei uns in Asienshops, makrobiotischen Lebensmittelgeschäften und manchen Feinkostläden erhältlich.
Miso, Japans ältestes Gewürz, verwendet man dort traditionell für Suppen, Saucen und Salatdressing. Es ist eine mehr oder weniger streichfähige Paste aus Sojabohnen, Reis oder anderem Getreide, Salz und Wasser. Je nach Zusammensetzung gibt es etwa 50 verschiedene Sorten, die natürlich nicht alle gleich schmecken und von japanischen Hausfrauen dementsprechend sorgsam ausgewählt werden. Erkundigen Sie sich beim Kauf von Miso in Asienläden und Naturkostgeschäften nach der Geschmacksrichtung. Und kosten Sie erst ein wenig vom Miso, bevor Sie damit würzen. Dunkles Miso enthält besonders viel Salz, helles Miso etwas weniger.

Fisch

MARINIERTE FORELLEN

Forellen und Lachs gehören zur selben Familie, den Salmoniden. Die etwa 50 cm langen Regenbogenforellen – ursprünglich Wanderfische – stammen heute fast nur aus Zuchtbetrieben. Fische, die als »Lachsforellen« verkauft werden, können Meerforellen mit natürlich lachsfarbenem Fleisch sein. Oder ebenfalls Regenbogenforellen, die man wie Lachs abwechselnd in Süß- und Salzwasser hält. Die Fische bekommen karotinhaltiges Futter, das für rosafarbenes Fleisch sorgt.

Für 6 Portionen

6 küchenfertige Forellen (je ca. 250 g)
1 Fenchelknolle (ca. 220 g)
3 Limetten
1 Stück Ingwerwurzel (ca. 5 cm lang)
70 g Petersilie
30 Pfefferkörner
3 Sternanis
1 gestrichener EL Zucker
1 1/2 EL Salz (ca. 20 g)
1/4 l Olivenöl

Pro Portion 398 Kalorien
Zubereitung: 45 Minuten
Marinierzeit: 1 Tag

1. Forellen kalt abspülen, innen und außen trockentupfen und nebeneinander in eine Gratinform legen.
2. Fenchelblättchen abschneiden und hacken. Die Knolle halbieren, waschen und den Strunk mit einem spitzen kleinen Messer keilförmig herausschneiden. Die Fenchelhälften in feine Streifen schneiden.
3. Limetten mit einem scharfen Messer so schälen, daß auch die weiße Haut entfernt wird. Limetten zuerst in Scheiben, dann in kleine Stücke schneiden. Den Saft dabei auffangen. Ingwerwurzel mit einem kleinen scharfen Messer wie eine Kartoffel schälen und fein zerkleinern oder reiben. Die Petersilie fein hacken.
4. Fenchelblättchen und -streifen, Limettenstückchen, aufgefangenen Saft, Ingwer, Petersilie, Pfefferkörner, Sternanis, Zucker, 1 Eßlöffel Salz und Öl vermischen und über den Forellen verteilen.
5. Die Forellen zugedeckt im Kühlschrank 1 Tag ziehen lassen.
6. Die Fische innen mit dem restlichen Salz würzen. Jede Forelle auf ein ausreichend großes Stück Alufolie legen. Die Würzzutaten aus der Marinade darüber verteilen. Die Folienstücke zu Päckchen verschließen und nebeneinander auf ein Backblech legen.
7. Blech in den kalten Backofen auf die mittlere Schiene schieben. Ofen auf 180 Grad (Umluft 160 Grad, Gas Stufe 2) schalten. Forellen 30 Minuten garen, dabei einmal wenden.

Dazu: Gedämpfte Brötchen (Rezept Seite 12, Füllung und Zwiebelmarmelade weglassen) oder Baguette und Salat.

Wenn Sie keine Alufolie verwenden wollen, machen Sie es so: Für die Marinade nur 1/8 l Öl nehmen. Die Forellen mit Marinade wie oben beschrieben in die Gratinform geben. Damit die Fische das Aroma gut aufnehmen, sollten sie während des Marinierens zwei- oder dreimal gewendet werden. Die Form mit einem Deckel oder mit Pergamentpapier verschließen und in den Ofen schieben. Fische 25 bis 30 Minuten garen.

ZANDER IM SESAMMANTEL

Für 4 Portionen

4 Zanderfilets (je ca. 150 g)
Marinade:
3 EL Sojasauce
3 EL Reis- oder Sherryessig
3 TL Currypulver
3 EL Sesamöl
Sauce:
1 kleine Tomate
200 g frische Ananas
1 Schalotte
1 kleine Knoblauchzehe
1 EL Sesamöl
1 EL Zucker
3 EL Reis- oder Sherryessig
200 g geschälte Tomaten (Dose)
1 TL Tomatenmark
Salz
Cayennepfeffer
zum Panieren:
40 g Mehl
2 Eiweiß
100 g Sesamkörner
3 EL Maiskeimöl zum Braten

Pro Portion 480 Kalorien
Zubereitung: 1 Stunde
Marinierzeit: 1 Tag

1. Die Fischscheiben nebeneinander in eine Gratinform legen. Die Sojasauce mit dem Essig, Currypulver und Sesamöl verrühren und darübergießen. Den Fisch zugedeckt 1 Tag im Kühlschrank marinieren, dabei einige Male wenden.
2. Gehäutete Tomate und geschälte Ananas würfeln. Schalotte und Knoblauch fein hacken.
3. Öl erhitzen. Schalotte und Knoblauch darin bei schwacher Hitze unter Rühren glasig braten. Zucker, Essig, geschälte Tomaten und Tomatenmark zugeben, aufkochen und unter Rühren bei starker Hitze dickflüssig einkochen lassen.
4. Die Sauce durch ein Sieb streichen oder pürieren. Tomaten- und Ananaswürfel zugeben, aufkochen, mit Salz und Cayennepfeffer abschmekken und zugedeckt warm halten, bis der Fisch gebraten ist.
5. Das Mehl auf einem Teller bereit stellen, Eiweiß auf einem zweiten Teller mit einer Gabel verquirlen, den Sesam auf einen dritten Teller geben.
6. Fischscheiben aus der Marinade nehmen und trockentupfen. Öl in einer Pfanne bei mittlerer Hitze heiß werden lassen.
7. Fisch zuerst im Mehl wenden, dann durch das Eiweiß ziehen und zum Schluß im Sesam wenden.
8. Zanderfilets im heißen Öl pro Seite 3 bis 4 Minuten braten. Dabei darf die Hitze nicht zu stark sein, sonst wird der Fisch trocken und der Sesam zu dunkel.
9. Die Sauce auf vorgewärmten Tellern verteilen. Zanderfilets darauf anrichten und sofort servieren.

Dazu: Reisnudeln oder Weißbrot und Salat.

Zander, ein edler Süßwasserfisch mit magerem, sehr festem, saftigem Fleisch, schmeckt am besten, wenn er knapp 1 kg wiegt – das entspricht etwa der Gewichtsmenge an Filets, die Sie für dieses Gericht brauchen. Bitten Sie den Händler schon bei der Vorbestellung, den Fisch für Sie zu filieren. Denn das kostet Zeit und Mühe – vor allem wenn Sie nicht so geübt sind. Falls Sie keinen Zander bekommen, nehmen Sie preiswerten Goldbarsch oder Makrele.

SCAMPISATÉ MIT MANGODIP

Für 4 Portionen

32 rohe Scampi
(Kaisergranatschwänze)
Marinade:
2 Handvoll Minzeblätter
Schale von 2 unbehandelten Limetten
1 Knoblauchzehe
3 EL Maiskeimöl
Saft von 4 Limetten
Salz
weißer Pfeffer
Mangodip:
2 reife Mangos (je ca. 370 g)
1 rote Pfefferschote
2 TL Reis- oder Sherryessig
Saft von 1 Orange
Saft von 1 Limette
Salz
1 Prise Zucker

Pro Portion 290 Kalorien
Zubereitung: 1 Stunde
Marinierzeit: 1 Tag

1. Scampi aus den Schalen lösen: Den gekrümmten Schwanz mit Daumen und Zeigefinger fassen und gerade biegen, so daß er aufplatzt. Nun können Sie den Panzer auf der Unterseite segmentweise vom Fleisch ablösen. Scampi am Rücken mit einem kleinen, scharfen Messer gerade so tief einschneiden, daß der schwarze Darm freiliegt. Mit den Fingern vorsichtig entfernen.
2. Die Minze und die dünn abgeschnittene Limettenschale in hauchfeine Streifen schneiden. Knoblauch fein hacken. Diese Zutaten, 1 Eßlöffel Öl, Limettensaft und Scampi mischen und zugedeckt im Kühlschrank 1 Tag ziehen lassen. Dabei einige Male wenden.
3. Die Mangos der Länge nach in 3 Scheiben schneiden, so daß in der mittleren Scheibe der Kern steckt. Das Fruchtfleisch der beiden äußeren Scheiben mit einem Löffel aus den Schalen holen. Die Schale der mittleren Scheibe mit einem Messer abschneiden. Das Fruchtfleisch abschneiden oder - bei schon sehr weichen Mangos - mit dem Messer vom Kern schaben.
4. Die Pfefferschote längs halbieren, den Stielansatz und alle Kerne entfernen. Die Schotenhälften waschen.
5. Mangofleisch und Pfefferschoten mit Essig, Orangen- und Limettensaft im Mixer pürieren. Mit Salz und Zucker abschmecken und zugedeckt kühlen, bis die Scampi gebraten sind.
6. Die Scampi aus der Marinade nehmen, so gut wie möglich zusammenrollen und auf Holzspieße stecken.
7. Das restliche Öl in einer großen Pfanne erhitzen. Die Scampi darin bei schwacher Hitze pro Seite etwa 3 Minuten braten.
8. Die Scampi von den Spießen streifen, mit Salz und Pfeffer aus der Mühle würzen und mit dem Mangodip auf vorgewärmten Tellern anrichten.

Dazu: Salat und Reis oder Baguette.

Für den Dip brauchen Sie Mangos mit fruchtig-säuerlichem, möglichst faserfreiem Fleisch. Gut geeignet sind die Sorten Red Haden oder Tommy Atkins.

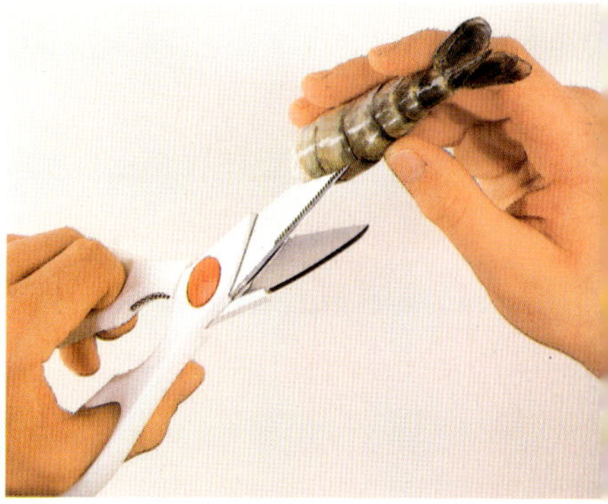

KABELJAU-MANGOLD-EINTOPF

Sternanis (oben) und Anis werden der Samen wegen angebaut. Doch während Anis seit der Antike als Heilmittel, Backzutat und und in flüssiger Form – als türkischer Raki, französischer Pastis und griechischer Ouzo – bekannt ist, war Sternanis schon immer typisch fernöstliche Speisewürze: Chinas Köche verwenden ihn seit etwa 4000 Jahren. Anis bekommen Sie in jedem Supermarkt, Sternanis in Asienläden und – wie alle seltenen Gewürze – in der Apotheke.

Für 4 Portionen

600 g Kabeljaufilet
100 g Schalotten
1 Knoblauchzehe
1-2 rote Pfefferschoten
2 Frühlingszwiebeln
1 rote Paprikaschote
200 g Chinakohl
200 g Mangold
120 g Glasnudeln
6 EL Maiskeimöl
1/8 l Geflügelfond
(siehe Seite 99)
8 EL Sojasauce
4 Sternanis
2 TL Zucker, Salz
1 EL Dillspitzen

Pro Portion 485 Kalorien
Zubereitung: 1 Stunde

1. Eventuell vorhandene Gräten aus dem Kabeljaufilet entfernen. Kabeljau quer zu den Fasern in fingerbreite Streifen schneiden.
2. Schalotten, Knoblauch und entkernte Pfefferschote hakken. Frühlingszwiebeln in fingerbreite Rauten, Paprikaschote in feine, Chinakohl und Mangold in breite Streifen schneiden.
3. Glasnudeln mit heißem Wasser übergießen und 10 Minuten ziehen lassen.
4. Öl erhitzen. Schalotten, Knoblauch, Pfefferschote, Frühlingszwiebeln und Gemüsestreifen darin bei mittlerer Hitze unter Rühren 2 Minuten braten.
5. Geflügelfond und Sojasauce zugeben, mit Sternanis, Zucker und Salz würzen, aufkochen und bei schwacher Hitze etwa 3 Minuten garen.
6. Die Kabeljaustreifen untermischen und zugedeckt bei schwacher Hitze in knapp 2 Minuten garziehen lassen.
7. Abgetropfte Glasnudeln unter den Eintopf mischen, noch einmal erhitzen und mit Dillspitzen bestreut sofort servieren.

HEILBUTTCURRY MIT GLASNUDELN

Für 4 Portionen

400 g Heilbutt ohne Haut und Gräten
1 kleiner säuerlicher Apfel (Cox Orange)
1 kleine Banane
1 Babyananas
3 Kaffir-Zitronenblätter (siehe rechts)
100 g Fischfond (siehe Seite 26)
200 g Kokoscreme (Dose)
1 EL Currypulver
Salz, weißer Pfeffer
20 g Glasnudeln
1/8 l Maiskeimöl

Pro Portion 325 Kalorien
Zubereitung: 1 Stunde

1. Fisch in etwa 2 cm große Würfel schneiden. Geschältes Obst ebenfalls würfeln. Zitronenblätter in hauchfeine Streifen schneiden.
2. Fischfond in einem Topf erhitzen. Kokoscreme und Currypulver mit einem Schneebesen untermischen.
3. Obst und Zitronenblätter zugeben, einmal aufkochen und zugedeckt bei schwacher Hitze 2 Minuten ziehen lassen. Fischwürfel zugeben, alles mit einem Kochlöffel mischen. Fisch zugedeckt bei schwacher Hitze 1 bis 2 Minuten ziehen lassen, bis er gerade eben gar, aber noch saftig ist.
Mit Salz und Pfeffer aus der Mühle abschmecken.
4. Während Obst und Fisch garen, Öl in einem Topf erhitzen. Glasnudeln in Stücke brechen und im heißen Öl etwa 4 Minuten fritieren, bis sie hellgelb und knusprig sind. Auf Küchenpapier abtropfen lassen und leicht salzen.
5. Fisch auf heißen Tellern anrichten und mit den Glasnudeln belegen.

Dazu: Reis.

Kaffir-Limetten – hier auf einem Markt in Thailand – und Zitronenblätter stammen vom indischen Zitronenbaum. Diese runzeligen Limetten haben kaum Saft, dafür eine dicke, wunderbar aromatische Schale.
In Südostasien nimmt man zerkleinerte Früchte, Schalen und Blätter zum Würzen von Essen und Getränken. Frische oder getrocknete Zitronenblätter bekommen Sie in Asienläden. Kaffir-Limetten gibt es noch kaum zu kaufen.

LACHSFORELLE MIT BATATEN

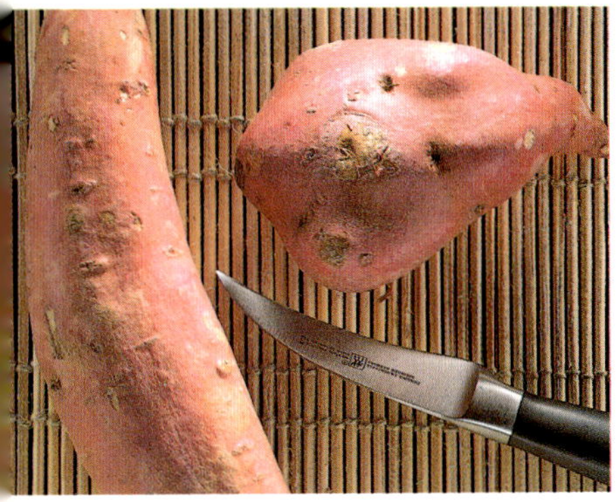

Bataten erinnern nicht so sehr an Asien. Eher an Onkel Toms Hütte und Scarlett O'Hara. Aus Mittel- und Südamerika stammen die Süßkartoffeln denn auch. Doch heute sind sie Hauptnahrungsmittel vieler warmer Länder, typische Zutat asiatischer Küche. So ißt man in China an kalten Wintertagen gebackene Bataten vom Straßenhändler – wie bei uns heiße Maroni.
Bataten gibt es bei uns im Gemüsehandel. Ob Sie die lange, rotfleischige (links) oder die rundliche mit weißem Fleisch nehmen, spielt keine Rolle. Wichtig ist nur, daß Sie die Knollen bald verbrauchen, sonst werden sie wässrig.

Für 4 Portionen

2 küchenfertige Lachsforellen (je ca. 450 g)
1 fingerbreites Stück Ingwerwurzel
2 Knoblauchzehen
2 Schalotten
1 Frühlingszwiebel
1/2 kleine Fenchelknolle
1 EL Koriander- oder Petersilienblätter
300 g süße Kartoffeln (Bataten, siehe Bild links)
2 EL Erdnußöl
60 ml Reiswein
200 ml Fischfond (siehe Seite 26)
2 EL Sojasauce
1 Prise Zucker
Cayennepfeffer
1/2 l Maiskeimöl
Salz

Pro Portion 624 Kalorien
Zubereitung: 1 1/4 Stunden

1. Lachsforellen innen waschen und trockentupfen.
2. Ingwer mit einem kleinen, scharfen Messer wie eine Kartoffel schälen und fein hacken. Knoblauch ebenfalls fein zerkleinern. Schalotten schälen, halbieren und in Streifen schneiden. Geputzte Frühlingszwiebel und gewaschenen Fenchel ebenfalls in feine Streifen schneiden.
3. Korianderblätter fein zerkleinern. Kartoffeln schälen, waschen und abtrocknen. Auf dem Gurkenhobel in etwa 2 mm dünne Scheibchen schneiden. Ein Küchentuch in kaltes Wasser mit einem Schuß Essig tauchen und auswringen. Die Kartoffeln darin einwickeln, damit sie sich bis zum Fritieren nicht verfärben.
4. Erdnußöl in einem länglichen Topf erhitzen, der so groß sein muß, daß beide Forellen und der Sud darin Platz haben. Knoblauch darin bei schwacher Hitze einige Sekunden anbraten. Ingwer, Schalotten, Frühlingszwiebel und Fenchel dazugeben und unter Rühren etwa 1 Minute braten.
5. Reiswein und Fischfond zugießen, aufkochen und den Sud etwa 1 Minute kochen lassen.
6. Die Hitze auf schwache Temperaturstufe zurückschalten. Sojasauce, Koriander, Zucker und Cayennepfeffer dazugeben.
7. Lachsforellen in den Sud legen und zugedeckt bei schwacher Hitze in etwa 15 Minuten gar ziehen lassen.
8. Inzwischen das Maiskeimöl in einer Friteuse erhitzen. Kartoffeln in das Fritiersieb geben und einige Sekunden in das heiße Öl tauchen. Herausnehmen und kurz abtropfen lassen. Die Kartoffeln wieder in das Öl tauchen und in 2 bis 3 Minuten goldgelb ausbakken. Auf Küchenpapier abtropfen lassen.
9. Die Forellen aus dem Sud auf eine Platte geben. Etwas Sud und das Gemüse darüber verteilen. Die Kartoffeln dazu servieren. Oder die Forellen filieren, mit Sud und Gemüse auf Portionstellern verteilen und die Kartoffelscheiben daneben anrichten.

Bataten gelingen – wie normale Pommes frites – in einer Friteuse am besten, weil sie schön knusprig werden und nicht zuviel Öl aufsaugen. Wenn Sie keine Friteuse haben: Bataten würfeln und in einer Pfanne oder im Wok in reichlich Öl etwa 10 Minuten braten, bis sie innen weich und außen leicht gebräunt sind.

SCHELLFISCH MIT GEMÜSE

In den meisten China-Kochbüchern tauchen sie unter der geheimnisvollen Bezeichnung »Schnee-Erbsen« auf. Dahinter stecken einfach Zuckerschoten, auch Kefen, Mangetout oder Kaiserschoten genannt, ein einheimisches Gemüse, das Sie ab März frisch kaufen können. Bei dieser Erbsenzüchtung ißt man die zarten, fleischigen und angenehm süßen Schoten, während es bei »normalen« Erbsen nur auf die Samen ankommt, die man aus den grünen, zähen Schoten pult. Erbsen zählen übrigens zu den ersten Nutzpflanzen, die der Mensch angebaut hat – in Burma und Thailand vielleicht schon vor mehr als 11.000 Jahren.

Für 4 Portionen

500 g Schellfischfilet
Saft von 1 Zitrone
1 EL Maisstärke
4 EL Sojasauce
1 kleine Zwiebel
2 Knoblauchzehen
1/2 kleine Fenchelknolle
50 g Zuckerschoten
50 g Shiitake-Pilze
3 EL Maiskeimöl
80 g Erbsen
3 EL trockener Sherry
100 ml Tomatensaft
1 TL Zucker
1 TL Ingwerpulver
Salz, weißer Pfeffer

Pro Portion 294 Kalorien
Zubereitung: 1 Stunde

1. Fisch in 12 gleichgroße Stücke schneiden. Zitronensaft mit Maisstärke und 1 Eßlöffel Sojasauce verrühren. Fisch damit mischen und ziehen lassen, bis das Gemüse zubereitet ist.
2. Zwiebel und Knoblauch hacken. Fenchel waschen und in dünne Scheiben schneiden. Zuckerschoten waschen und putzen. Pilzhüte in Streifen schneiden.
3. Die Erbsen 1-2 Minuten in Salzwasser kochen, dann mit kaltem Wasser abschrecken.
4. In einer Pfanne 2 Eßlöffel Öl erhitzen. Zwiebel und Knoblauch darin bei schwacher Hitze anbraten. Zerkleinertes Gemüse und Erbsen zugeben und bei starker Hitze unter Rühren etwa 1 Minute braten.
5. Sherry, restliche Sojasauce, Tomatensaft, Zucker und Ingwer untermischen und alles ca. 3 Minuten schmoren, bis die Flüssigkeit etwa zu 1/3 eingekocht ist. Gemüse warm halten.
6. Rest des Öls erhitzen. Fisch darin bei mittlerer Hitze etwa 2-3 Minuten braten. Gemüse untermischen. Mit Salz und Pfeffer aus der Mühle abschmecken.

LACKIERTE SCAMPI MIT TOMATEN

Für 3 Portionen

12 rohe Kaisergranatschwänze
1 Schalotte
1 Knoblauchzehe
1 rote Pfefferschote
2 Tomaten
3 EL Sesamöl
1 TL Zucker
3 EL Reiswein
1 TL Tomatenmark
1 EL Sojasauce
Salz
1 EL Korianderkraut

Pro Portion 262 Kalorien
Zubereitung: 45 Minuten

1. Kaisergranatschwänze aus den Schalen lösen (siehe Seite 45). Schalotte und Knoblauch hacken. Pfefferschote halbieren, von allen Kernen befreien, waschen und ganz fein zerkleinern. Tomaten häuten und würfeln, dabei Stielansätze und Kerne entfernen.
2. Öl in einer Pfanne oder im Wok erhitzen. Kaisergranate darin bei mittlerer Hitze pro Seite knapp 1 Minute anbraten. Aus der Pfanne nehmen.
3. Zucker in die Pfanne geben und bei mittlerer Hitze unter Rühren leicht bräunen. Schalotte, Knoblauch, Pfefferschote unter Rühren einige Sekunden mitbraten.
4. Reiswein, Tomatenmark und Tomaten zugeben und unter Rühren kräftig aufkochen.
5. Kaisergranate und Sojasauce untermischen und erhitzen. Mit Salz abschmecken und mit dem gehackten Koriander bestreut sofort servieren.

Dazu: Reis oder Reisnudeln und Salat.

Scampi, Krabben oder Hummerkrabben – diese Begriffe sind auch in Fachgeschäften nicht immer klar. Deshalb hier in Bild und Text die Unterschiede: Kleine Tiefseegarnelen, die mit Panzer etwa 6 cm messen, bekommen Sie ausgepult als rosafarbene Shrimps. Riesengarnelen heißen auch King Prawns und werden oft –nicht korrekt – als Hummerkrabben bezeichnet. Im Panzer erkennt man sie am spitz zulaufenden Schwanz. Scampi sind Tiefseekrebse, auch Kaisergranate genannt. Im Panzer sieht man den leicht gekrümmten, fächerförmigen Schwanz. Die ausgelösten Schwänze heißen im Handel manchmal auch Langustenschwänze.

SEEZUNGE MIT AVOCADODIP

Für den Dip brauchen Sie eine Avocadosorte, die sich gut würfeln läßt, also zum Beispiel die birnenförmige »Fuerte« mit mattgrüner, etwas rauher Schale, die es das ganze Jahr über zu kaufen gibt. Oder die ovale, etwa 300 g schwere »Ettinger« mit sattgrüner, glatter Schale. Die besonders aromatische, runzelige und dunkelgrüne »Hass« mit weichem, butterartigem Fleisch eignet sich dagegen besser zum Pürieren. Kaufen Sie nur reife Früchte, die bei leichtem Fingerdruck etwa so nachgeben wie eine gelbe Banane. Avocados sind übrigens nahrhafter als jedes andere Gemüse und Obst, weil sie mehr Eiweiß und Fett enthalten. Wichtig für die Ernährung sind die mehrfach ungesättigten Fettsäuren, die der Körper nicht selbst bilden kann, und die Ölsäure, die sich günstig auf den Cholesterinspiegel auswirkt.

Für 4 Portionen

2 Seezungen (je ca. 500 g)
Füllung:
1 kleine Stange Porree
1 große Möhre
100 g Knollensellerie
1 EL Maiskeimöl
Salz
weißer Pfeffer
Fond:
1 kleine Zwiebel
1 kleines Stück Ingwerwurzel
1/8 l Wasser
1/8 l trockener Weißwein
1 TL weiße Pfefferkörner
2 Lorbeerblätter
Sauce:
2 Schalotten
1 kleine grüne Pfefferschote
1 Avocado
Saft von 1 Limette
2 EL Reisweinessig
Salz
1 Prise Zucker
6 EL Olivenöl
1 EL gehackter Dill
Dillzweige zum Garnieren

Pro Portion 490 Kalorien
Zubereitung: 1 1/4 Stunden

1. Die Seezungen vom Fischhändler häuten und filieren lassen. Die Gräten für den Fischfond mitnehmen.
2. Den Porree vom Wurzelansatz und den welken grünen Blättern befreien und quer in etwa 3 cm lange Stücke schneiden. Stücke waschen und längs in feine Streifen schneiden. Geschälte Möhre und Sellerieknolle in etwa 3 cm lange, streichholzdünne Stifte schneiden.
3. Öl in einer Pfanne erhitzen. Gemüse darin bei mittlerer Hitze unter ständigem Wenden knapp 1 Minute braten. Herausnehmen, auf einem Teller mit Salz und Pfeffer würzen und abkühlen lassen.
4. Die Seezungenfilets füllen: Jedes Filet mit der Hautseite nach oben auf die Arbeitsfläche legen. Das Gemüse darauf verteilen. Die Filets aufrollen und mit Zahnstochern feststekken. Röllchen nebeneinander auf einen flachen Teller legen.
5. Für den Fond Zwiebel und Ingwer schälen und in Scheiben schneiden. Mit Fischgräten, Wasser, Weißwein, Pfefferkörnern und Lorbeer in einem flachen Topf einmal aufkochen.
6. Ein Sieb in den Topf hängen oder eine Tasse umgedreht hineinstellen. Den Teller mit den Seezungenröllchen entweder in das Sieb oder auf die Tasse setzen. Den Topf schließen, und die Röllchen bei schwacher Hitze etwa 8 Minuten dämpfen.
7. Inzwischen für den Avocadodip die Schalotten schälen. Die Pfefferschote halbieren, vom Stiel und allen Kernen befreien, waschen und trokkentupfen. Pfefferschote und Schalotte ganz fein hacken. Avocado halbieren, den Kern entfernen. Die Hälften schälen und in kleine Würfel schneiden.
8. Alle diese Zutaten mit 1 Eßlöffel Fischfond, Limettensaft, Essig, Salz, Zucker, Olivenöl und Dill mischen.
9. Den Avocadodip auf warmen Tellern verteilen. Die Seezungenröllchen darauf anrichten und mit Dillzweigen garnieren.

Dazu: Reis oder Reisnudeln und Salat.

Es ist wichtig, daß Sie die Seezungenfilets mit der Hautseite nach oben füllen und aufrollen. Sonst rollen sich die Filets beim Dämpfen wieder ab. Auch beim Braten von Seezungenfilets den Fisch zuerst mit der Hautseite nach unten in die Pfanne legen, damit er sich nicht wölbt.

Seeteufel im Reisblatt mit Gemüse

Für 4 Portionen

480 g Seeteufelfilet am Stück
1 Knoblauchzehe
1 Eiweiß
Salz
weißer Pfeffer
einige Tropfen Zitronensaft
8 große Mangoldblätter
8 mittelgroße Reispapierblätter (ca. 20 cm Durchmesser)
1 Ei
Gemüse:
80 g Petersilienwurzeln
1 Schalotte
4 EL Maiskeimöl
3 EL Sojasauce
Pfeffer
1 Handvoll Kerbel- oder Petersilienblätter

Pro Portion 352 Kalorien
Zubereitung: 1 1/4 Stunden

1. Den Seeteufel in 8 Scheiben schneiden. Die Scheiben so zuschneiden, daß sie möglichst gleichgroß und gleichdick sind. Das Fischfleisch, das dabei übrig bleibt, auf einem Brett mit einem großen Koch- oder Hackmesser zu einem feinen Püree zerkleinern. Die geschälte Knoblauchzehe hacken.
2. Fischpüree und Knoblauch in einer Schüssel mit dem Eiweiß, je einer kräftigen Prise Salz und Pfeffer aus der Mühle und dem Zitronensaft vermischen.
3. Die Mangoldblätter waschen, trockentupfen und auf der Arbeitsfläche ausbreiten. Die weißen Stiele herausschneiden (siehe unten). Die grünen Blätter gleichmäßig mit der Fischpaste bestreichen. In jedes Blatt ein Seeteufelstück einschlagen.
4. Ein Reispapierblatt in kaltem Wasser einweichen, bis es weich ist, herausnehmen und auf einem Küchentuch ausbreiten, das die überschüssige Flüssigkeit aufnimmt. Mit einem zweiten Küchentuch trockentupfen.
5. In die Mitte des Reisblattes ein Mangoldpäckchen legen. Die Ränder des Reisblattes mit verquirltem Ei bestreichen. Das Blatt wie ein Briefkuvert über dem Mangoldpäckchen zusammenfalten und leicht festdrücken, damit es beim Braten zusammenhält. Die anderen Blätter ebenso füllen. Alles beiseite stellen, bis das Gemüse vorbereitet ist.
6. Die Petersilienwurzeln schälen und in dünne Stifte, die halbierte Schalotte in feine Scheibchen schneiden.
7. In einer großen Pfanne 3 Eßlöffel Öl erhitzen. Die Seeteufelpäckchen darin bei schwacher Hitze etwa 6 Minuten braten, dabei mehrmals wenden. Herausnehmen und warm halten.
8. Den Rest des Öls in die Pfanne geben. Petersilienwurzeln und Schalotte darin bei mittlerer Hitze unter ständigem Wenden etwa 3 Minuten braten. Sojasauce untermischen.
9. Das Gemüse mit Pfeffer aus der Mühle abschmecken und mit den Seeteufelpäckchen auf Tellern anrichten. Mit Kerbelblättchen oder Petersilie garnieren.

Die Mangoldstiele schmecken als Gemüse: In fingerbreite Stücke oder schräg in hübsche Rauten schneiden und mit den Petersilienwurzeln garen.

TINTENFISCH MIT BROKKOLI

Für 4 Portionen

20 g Mu Err-Pilze
800 g küchenfertiger Tintenfisch
1 mittelgroße rote Zwiebel
1 Knoblauchzehe
2 Tomaten
1 rote Pfefferschote
3 EL Maiskeimöl
150 g Brokkoliröschen
100 ml Geflügelbrühe
1 TL Speisestärke
Salz
Pfeffer

Pro Portion 280 Kalorien
Zubereitung: 45 Minuten

1. Pilze in eine Schüssel geben und mit kochendem Wasser übergießen. Die Pilze zugedeckt etwa 10 Minuten ziehen lassen, bis sie weich sind. Auf einem Sieb abgießen und kalt abspülen, damit alle Schmutzreste entfernt werden. Pilze mit einem kleinen Messer in feine Streifen schneiden.
2. Tintenfisch waschen, trockentupfen und in Ringe schneiden. Zwiebel schälen, halbieren und in feine Streifen schneiden. Geschälten Knoblauch hacken. Tomaten mit kochendem Wasser übergießen, in Eiswasser abschrecken, häuten und vierteln. Stielansätze und Kerne entfernen, Tomatenviertel in Streifen schneiden. Pfefferschote halbieren, vom Stiel und allen Kernen befreien, kalt abspülen und in feine Streifen schneiden.
3. Öl in einer Pfanne oder im Wok erhitzen. Zwiebeln, Knoblauch und Brokkoliröschen darin bei mittlerer Hitze unter Rühren etwa 3 Minuten braten.
4. Pilze und Tintenfisch zugeben und unter Rühren 4 Minuten mitbraten. Geflügelbrühe mit Speisestärke verrühren und dazugießen. Tomaten und Pfefferschote zugeben und alles einmal aufkochen. Mit Salz und Pfeffer aus der Mühle abschmecken und sofort servieren.

Dazu: Reis, Reisnudeln oder Reiskrusten (siehe Seite 100) und Salat.

Machen Sie es wie die Asiaten und essen Sie häufig Fisch: am besten einmal pro Woche, mindestens aber alle vierzehn Tage. Denn Fische und Meeresfrüchte sind sehr gesunde Lebensmittel – leicht verdaulich, weil Fischmuskeln nur wenig Bindegewebe enthalten, eiweißreich und fettarm. Sie versorgen den Körper mit besonders wertvollen Fettsäuren. Einige dieser Fettsäuren sollen sich günstig auf Blutdruck und Cholesterinspiegel auswirken. Außerdem liefern Fische und andere Meerestiere Vitamin A, D und B_{12} und Mineralstoffe. Seefische sind die wichtigste Quelle für Jod, denn mit allen anderen Lebensmitteln oder mit jodiertem Speisesalz können wir nicht soviel von diesem Mineralstoff aufnehmen, wie wir für die optimale Funktion der Schilddrüse brauchen.

Ravioli mit Fisch und Pilzen

Zitronengras gehört zu der Familie der Gräser, wuchs einst wild in den tropischen Regionen Südindiens und Ceylons und wird heute auf Plantagen in Asien, Westindien und Brasilien angebaut. Die dicken Halme enthalten ätherische Öle mit zitronenartigem Duft und Geschmack. Frisches Zitronengras bekommen Sie in Asienläden, in Feinkostgeschäften und auf manchen Gemüsemärkten. Zum Aromatisieren von Speisen in Stücke geschnitten mitgaren und vor dem Servieren wieder entfernen. Wenn Sie Zitronengras in Salatdressings, Suppen oder Saucen mitessen wollen, müssen Sie es ganz fein zerkleinern, sonst ist es hart und faserig.

Für 4 Portionen

Teig:
230 g Mehl
1 Messerspitze Backpulver
1 Prise Salz
2 Eier
eventuell 1-2 EL kaltes Wasser
Füllung:
160 g Seezungenfilet
50 g frische Shiitake-Pilze
50 g Spinat
1 Schalotte
2 TL Sesamöl
1 EL Sojasauce
Salz
weißer Pfeffer
1 Eigelb zum Bestreichen
Gemüse:
80 g Stangensellerie
1 Möhre
zum Garen:
50 g Zitronengras
600 ml Fischfond
(siehe Seite 26)
1 TL Speisestärke
2 EL Wasser
Salz
Pfeffer
1 TL Sesamöl

Pro Portion 397 Kalorien
Zubereitung: 2 1/4 Stunden

1. Mehl, Backpulver, etwas Salz und Eier in einer Schüssel zuerst mit den Knethaken des Handrührgerätes vermischen. Teig dann mit den Händen so lange kneten, bis er glatt und geschmeidig ist. Dabei gegebenenfalls tropfenweise das Wasser unterkneten. In ein feuchtes Küchentuch wickeln und bei Zimmertemperatur 30 Minuten ruhen lassen.
2. Für die Füllung Fischfilet hacken. Pilzhüte in kleine Würfel schneiden. Spinat verlesen, waschen und in dünne Streifen schneiden. Geschälte Schalotte hacken.
3. Öl in einer Pfanne erhitzen. Pilze und Schalotte darin bei mittlerer Hitze unter Rühren etwa 1 Minute anbraten. Fisch und Spinat zugeben und einige Male umrühren. Mit Sojasauce, Salz und Pfeffer aus der Mühle abschmecken. Zum Abkühlen auf ein Sieb geben, damit die Flüssigkeit abtropfen kann und der Ravioliteig beim Füllen nicht durchweicht und reißt.
4. Sellerieblättchen abschneiden und grob hacken. Stangen waschen und in dünne Scheiben schneiden. Möhre schälen und in Stifte schneiden. Zitronengras in kleine Stücke schneiden.
5. Teig in 4 Portionen teilen. Jede Portion in der Nudelmaschine auf Stufe 6 zu einer dünnen Platte ausrollen. Teigplatten an den Seiten gerade schneiden und auf Küchentüchern ausbreiten. Mit feuchten Küchentüchern bedecken, damit die Platten nicht zu trocken werden, während Sie den Rest des Teiges ausrollen. Abgeschnittene Teigreste zusammenkneten und wieder ausrollen, glattschneiden und ebenfalls feucht halten.
6. Aus den Teigplatten Rechtecke von etwa 6 mal 7 cm schneiden und an den Rändern mit Eigelb bestreichen. Die Füllung auf den Teigstücken verteilen. Die Stücke zusammenklappen und rundherum an den Rändern mit den Zinken einer Gabel zusammendrücken.
7. Fischfond in einem flachen, breiten Topf mit Zitronengras aufkochen, Ravioli zugeben, erneut aufkochen und zugedeckt bei mittlerer Hitze 4 bis 5 Minuten sanft kochen lassen. Dabei den Topf einige Male rütteln, damit die Ravioli nicht zusammenhaften. Gegarte Ravioli herausnehmen und in tiefen Tellern warm halten.
8. Fond durch ein Sieb gießen und erneut aufkochen. Selleriestückchen, Möhrenstifte und Sesamöl zugeben. Speisestärke mit Wasser verrühren, untermischen und einmal aufkochen.
9. Fond mit Gemüse über den Ravioli verteilen und mit den Sellerieblättchen bestreut servieren.

Ravioli heißen in China »jiaozi«. Die Teigtäschchen sind in der einfachen Küche besonders beliebt. Zu Hause macht man sie fast nur zu Festtagen, sonst holt man sie in Garküchen.

LACKIERTE ENTE IM RÖMERTOPF

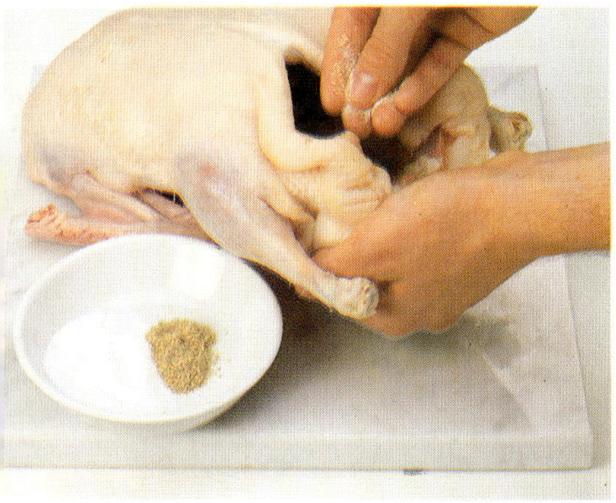

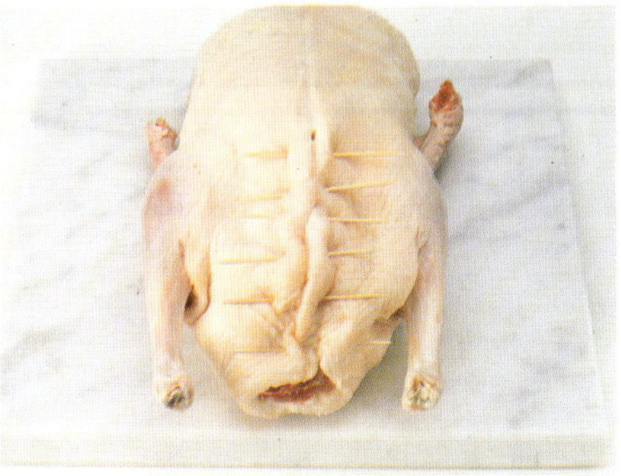

Für 4 Portionen

1 junge Ente von ca. 1,5 kg
Salz
weißer Pfeffer
Füllung:
100 g Shiitake-Pilze
100 g Frühlingszwiebeln
1 Thymianzweig
100 g Pflaumen oder Zwetschen
1 EL Maiskeimöl
2-3 EL Sojasauce
Marinade:
300 ml Pflaumenwein
100 ml Reisessig
300 g Zwiebeln
200 g Frühlingszwiebeln
200 g Pflaumen oder Zwetschen
2 Thymianzweige
1 TL gemahlener Koriander
1 TL gemahlener Anis
1/2 TL Zimtpulver
»Lack«:
50 g Zucker
400 ml roter Portwein
1/2 TL Currypulver
1 Messerspitze Cayennepfeffer

Pro Portion 1242 Kalorien
Zubereitungszeit: 3 Stunden
Marinierzeit: 1 Tag

1. Ente innen und außen mit Salz und Pfeffer aus der Mühle einreiben.
2. Für die Füllung Pilzhüte in Streifen, geputzte Frühlingszwiebeln in dünne Ringe schneiden. Thymian hacken. Entsteinte Pflaumen grob zerkleinern.
3. Öl erhitzen. Pilze, Frühlingszwiebeln und Thymian darin bei mittlerer Hitze etwa 3 Minuten braten. In einer Schüssel mit Pflaumen, Sojasauce und Pfeffer aus der Mühle vermischen.
4. Einen großen Römertopf nach Anweisung wässern. Füllung in die Ente geben. Die Ente schließen: 6 Zahnstocher aus Holz waagerecht wie Stopfnadeln durch die Haut stecken, so daß die Öffnung geschlossen ist. Ein ausreichend langes Stück Küchengarn nun wie Schnürsenkel kreuzweise über die Zahnstocher führen und zum Knoten binden. Nach dem Braten brauchen Sie die Zahnstocher nur herauszuziehen und können so das Garn entfernen. Die Ente mit der Brust nach unten in den Römertopf legen.
5. Für die Marinade Pflaumenwein und den Essig aufkochen. Grob zerkleinerte Zwiebeln und Frühlingszwiebeln, entsteinte Pflaumen und gehackten Thymian, Koriander, Anis und Zimt zugeben und erneut aufkochen. Alles heiß über die Ente gießen. Ente abkühlen lassen und zugedeckt 1 Tag marinieren.
6. Die Ente mit dem Römertopf in den kalten Backofen auf die untere Schiene stellen. Den Ofen auf 200 Grad (Umluft 180 Grad, Gas Stufe 4) schalten. Ente 1 Stunde schmoren. Dabei einmal wenden.
7. Inzwischen für den »Lack« den Zucker unter Rühren bei starker bis mittlerer Hitze schmelzen und dabei leicht bräunen. Portwein zugießen und bei starker Hitze unter weiterem Rühren kochen lassen, bis der »Lack« dickflüssig wie Honig ist. Curry und Cayennepfeffer untermischen.
8. Ente mit dem »Lack« bestreichen, weitere 30 Minuten ohne Deckel schmoren und etwa alle 10 Minuten bestreichen.
9. Ofen auf 220 Grad (Umluft 200 Grad, Gas Stufe 5) schalten. Ente auf den Bratrost legen, mit der Fettpfanne darunter wieder in den Ofen schieben und etwa 20 Minuten braten, bis die Haut knusprig ist. Dabei häufig mit dem restlichen »Lack« bestreichen.
10. Für die Sauce Schmorflüssigkeit aus dem Römertopf in einen flachen Kochtopf gießen. Fett so gut wie möglich mit einem Löffel abschöpfen. Sauce bei starker Hitze unter Rühren auf etwa 1/3 einkochen lassen und mit Salz abschmecken.
11. Ente tranchieren und auf einer vorgewärmten Platte anrichten. Sauce und Reis dazu servieren.

Hühnerbrust mit Litschis

Für 4 Portionen

4 entbeinte Poulardenbrüstchen (je ca. 150 g)
3 Schalotten
8 Frühlingszwiebeln
1 mittelgroße, feste Banane
12 frische Litschis
4 EL Maiskeimöl
1 TL Currypulver
Saft von 1 Orange
100 ml Kokoscreme (Dose)
Salz
1/2 TL gehackte grüne Pfefferschote oder Cayennepfeffer
1 TL Korianderblättchen

Pro Portion 416 Kalorien
Zubereitung: 45 Minuten

1. Fleisch häuten und mit einem langen, scharfen Messer quer zur Faser in etwa 2 cm breite Streifen schneiden. Schalotten schälen, halbieren und in dünne Scheiben schneiden. Frühlingszwiebeln von den Wurzelansätzen und welken grünen Blättern befreien, der Länge nach halbieren, waschen, trockentupfen und in etwa 5 cm lange Stücke schneiden. Banane schälen und würfeln.
2. Litschis schälen: Früchte vorsichtig zusammendrücken, damit die Schale an einer Stelle aufspringt und mit den Fingern wie ein Ei pellen. Früchte längs ausschneiden, den Kern in der Mitte entfernen.
3. Im Wok oder in einer Pfanne 2 Eßlöffel Öl erhitzen. Das Fleisch darin bei mittlerer bis starker Hitze unter ständigem Wenden braten, bis es sich weiß färbt. Herausnehmen und auf einem Teller beiseite stellen.
4. Das restliche Öl heiß werden lassen. Schalotten und Frühlingszwiebeln darin bei starker Hitze unter Rühren etwa 30 Sekunden braten. Curry daruntermischen, Orangensaft und Kokoscreme dazugeben und einmal aufkochen.
5. Bananen, Litschis und Fleisch (mit dem Saft, der sich auf dem Teller gesammelt hat) zufügen und bei starker Hitze unter Rühren heiß werden lassen. Mit Salz aus der Mühle und der Pfefferschote oder Cayennepfeffer abschmecken und von der Kochstelle nehmen.
6. Das Korianderkraut fein hacken, das Gericht damit bestreuen und sofort servieren.

Dazu: Reis.

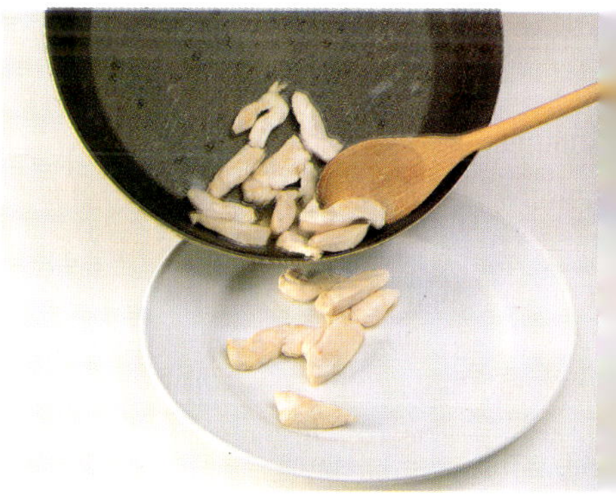

Poularde, Hähnchen oder Hühnchen – das ist keine Frage des Geschlechts. Denn ob ein Tier männlich oder weiblich ist, spielt für die Handelsklasse keine Rolle. Entscheidend ist das Gewicht: Geflügel aus Mastbetrieben wiegt bratfertig zwischen 800 und 1200 Gramm. Ab 1200 Gramm kann es auch Poularde, ab 1800 Gramm junger Hahn heißen. Freilaufendes Geflügel, das Sie direkt ab Hof kaufen können, unterliegt dieser Verordnung nicht. Deshalb kriegen Sie sogar Tiere, die bis zu 3 Kilo wiegen. Inzwischen gibt es immer mehr Erzeugerbetriebe, die Geflügel artgerecht halten. Adressen erhalten Sie bei Ihrer Stadt- oder Gemeindeverwaltung.

ENTENKEULEN MIT PFLAUMENWEIN

Asiaten mögen Nudeln genauso gern wie wir. Soba, würzige Buchweizennudeln, sind eine japanische Spezialität, die man auch in der Suppe oder kalt mit Sauce ißt. Sie können die Nudeln fertig kaufen oder – wie im Rezept – selbermachen.
Buchweizen, kein Getreide übrigens, sondern ein Wiesenkraut wie Sauerampfer, gibt es als ganze Körner oder fein gemahlen als Mehl in Naturkostläden und Reformhäusern.

Für 4 Portionen

Nudeln:
100 g Buchweizenmehl
50 g Weizenmehl
1 Ei
2 Eigelbe
Salz
1/2 EL Olivenöl
Fleisch:
4 Entenkeulen
(je ca. 200 - 250 g)
Salz
2 EL Maiskeimöl
100 g Stangensellerie
100 g rote Zwiebeln
200 g Zucchini
1 grüne Paprikaschote
(ca. 200 g)
1 EL Honig
2 Sternanis
200 ml Pflaumenwein
100 ml schwarzer Johannisbeersaft
1/4 grüne Pfefferschote
weißer Pfeffer
1 Handvoll Kerbelblättchen

Pro Portion 1110 Kalorien
Zubereitung: 3 Stunden

1. Für die Nudeln alle Zutaten vermischen und auf der Arbeitsfläche etwa 10 Minuten kräftig kneten, bis der Teig geschmeidig ist. In Pergamentpapier einpacken und mit einem feuchten Küchentuch umwickeln, damit er nicht austrocknet. Bei Zimmertemperatur 1 Stunde ruhen lassen.
2. Teig portionsweise in der Nudelmaschine zu dünnen Platten ausrollen. Platten 10 Minuten trocknen lassen und zu Nudeln schneiden. Auf Küchentüchern ausgebreitet ruhen lassen, bis Fleisch und Gemüse zubereitet sind.
3. Backofen auf 200 Grad (Umluft 180 Grad, Gas Stufe 4) vorheizen. Entenkeulen mit Salz einreiben. 1 Eßlöffel Öl in einem Bräter erhitzen. Keulen darin mit der Hautseite nach unten bei mittlerer Hitze etwa 10 Minuten anbraten. Bräter auf die untere Schiene des Backofens schieben. Keulen 10 Minuten ohne Deckel braten. Wenden und weitere 10 Minuten braten.
4. Während die Keulen braten, geputzte Selleriestange in streichholzdünne Stifte, halbierte Zwiebeln in dünne Scheiben schneiden. Zucchini in etwa 5 cm lange, dünne Stifte schneiden. Paprikaschote in feine Streifen schneiden.
5. Entenkeulen aus dem Bräter nehmen, in Alufolie wickeln und ruhen lassen. Den größten Teil des Fettes abgießen und den Bräter wieder auf die heiße Kochstelle setzen.
6. Zwiebeln darin bei mittlerer Hitze anbraten. Honig, Sternanis, Pflaumenwein und Johannisbeersaft zugeben und bei starker Hitze unter Rühren etwa 10 Minuten einkochen lassen, bis nur noch 1/3 der Flüssigkeit übrig ist.
7. Sellerie, gehackte Pfefferschote, Entenkeulen und den Fleischsaft, der sich in der Folie gesammelt hat, zugeben. Keulen bei mittlerer Hitze schmoren und dabei ständig mit der Sauce begießen, bis die Keulen glänzen und die Sauce dickflüssig ist.
Den Bräter von der Kochstelle nehmen. Fleisch zugedeckt warm halten, bis das Gemüse fertig ist.
8. Restliches Öl in einer Pfanne erhitzen. Zucchini und Paprikaschoten darin bei starker bis mittlerer Hitze unter Rühren 3 Minuten braten, bis das Gemüse gerade eben bißfest ist. Parallel dazu die Buchweizennudeln in kochendes Salzwasser geben, aufkochen und sprudelnd 1 Minute kochen lassen. Abgießen und abgetropft mit dem Gemüse vermischen, mit Salz und Pfeffer aus der Mühle würzen.
9. Fleisch mit der Sauce auf einer Platte anrichten. Mit den Kerbelblättchen garniert sofort servieren.

HÜHNERBRUST MIT BASILIKUM

Junge, unreife Schwammgurken ißt man in ihrer Heimat Südostasien, den Hochtälern des Himalaya, Indien und Japan roh oder als Gemüse – genau wie wir Salatgurken.
Wir kennen Schwammgurken in ganz anderer Form – als Badeschwämme! Fruchtfleisch, Samen und Schale reifer Früchte quellen in Wasser nämlich stark auf und dienen zur Herstellung der wohlbekannten Luffa-Schwämme.

Für 4 Portionen:

4 Hühnerbrüstchen
(je ca. 220 g)
2 rote Pfefferschoten
2 Bund Basilikum
5 EL Erdnußöl
40 g Schalotten
150 g Salatgurke
1 1/2 TL Speisestärke
100 ml Geflügelbrühe
(siehe Seite 32)
1 EL Sojasauce
Salz

Pro Portion 370 Kalorien
Zubereitung: 1 Stunde
Marinierzeit: 1 Tag

1. Hühnerbrüste häuten, entbeinen und quer zur Faser in etwa 2 cm breite Streifen schneiden.
2. Die abgezupften Blätter von 1 1/2 Bund Basilikum und die entkernte Pfefferschote fein hacken. Alles mit Fleisch und 1 Eßlöffel Öl vermischen und zugedeckt im Kühlschrank 1 Tag marinieren.
3. Übrig behaltene Basilikumblättchen in Streifen schneiden. Schalotten hacken. Gurke schälen und in feine Streifen schneiden. Die zweite Pfefferschote entkernen und fein hacken. Fleisch mit 1 Teelöffel Speisestärke mischen.
4. In einer Pfanne oder im Wok 1 Eßlöffel Öl erhitzen. Fleisch darin bei starker Hitze unter Rühren anbraten, bis es sich weiß färbt. Auf einem Teller beiseite stellen.
5. Rest des Öls erhitzen. Schalotten, Gurke und Pfefferschote darin bei starker bis mittlerer Hitze unter Rühren 1 Minute braten.
6. Restliche Speisestärke mit der Brühe verrühren und zum Gemüse geben. Sojasauce, Fleisch und Basilikum untermischen, mit Salz abschmecken und sofort servieren.

Dazu: Reis.

Geflügelleber mit Ananas

Für 4 Portionen

200 g Zwiebeln
300 g frische Ananas
500 g Hühnerleber
50 g Speisestärke
3 Eiweiß
60 g gemahlene Mandeln
6 EL Maiskeimöl
2 EL Honig
3 EL Sojasauce
1 EL Apfelessig
Salz
weißer Pfeffer

Pro Portion 555 Kalorien
Zubereitung: 1 1/4 Stunden

1. Geschälte, halbierte Zwiebeln in dünne Streifen, geschälte Ananas in etwa 1 cm große Würfel schneiden. Leber von Röhren und Sehnen befreien, in Stücke teilen und trockentupfen.
2. Zwiebeln und Ananas mit etwa der Hälfte der Speisestärke mischen. Eiweiß mit Mandeln verrühren.
3. Leberstücke zuerst in der restlichen Speisestärke, dann in der Mandelmischung wenden.
4. In einer Pfanne 3 Eßlöffel Öl erhitzen. Zwiebeln und Ananas darin bei mittlerer Hitze unter ständigem Wenden etwa 5 Minuten braten, bis die Zwiebeln eine gelbe Kruste haben. Aus der Pfanne nehmen.
5. Pfanne säubern, den Rest des Öls darin erhitzen. Leber bei schwacher bis mittlerer Hitze unter Wenden etwa 4 Minuten braten, bis sie durchgegart, aber noch saftig ist. Auf vorgewärmten Tellern warm halten.
6. Honig, Sojasauce und Essig in die Pfanne geben, Bratfond lösen. Zwiebeln und Ananas zufügen, mit Salz und Pfeffer abschmecken und zur Leber servieren.

Reife Ananas duften aromatisch und geben auf leichten Fingerdruck nach. An den Schuppen auf der Schale können Sie den Geschmack ablesen: Kleine Schuppen bedeuten süßes, saftiges Fleisch. Je ausgeprägter die Struktur der Schale, desto intensiver der Geschmack der Frucht.

POULARDENBRUST IN SCHINKEN

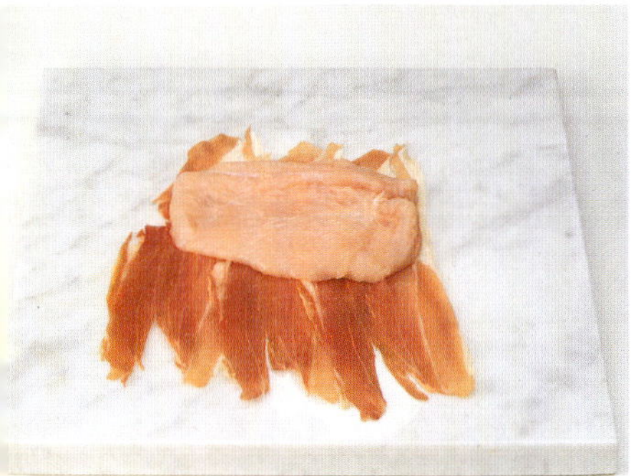

Für 4 Portionen

4 entbeinte Poulardenbrüste (je ca. 125 g)
12 kleine Scheiben luftgetrockneter Schinken
1/2 - 1 EL grüne Pfefferkörner (frisch oder eingelegt)
1 mittelgroßer Zucchino
Salz
4 Reispapierblätter (je ca. 20 cm Durchmesser)
2 Bund Frühlingszwiebeln
16 kleine Maiskolben
1 kleine rote Pfefferschote
40 g Zucker
Saft von 3 Orangen
2 TL Tomatenmark
4 EL Maiskeimöl
2 EL Pflaumenwein
1 TL Sojasauce

Pro Portion 586 Kalorien
Zubereitung: 1 1/2 Stunden

1. Die Poulardenbrüste häuten und einzeln zwischen zwei Blätter Haushaltfolie legen. Mit einem Fleischplattierer oder Nudelholz einige Male fest darüberstreichen, damit sich das Fleisch dehnt und flach wird.
2. Die Schinkenscheiben auf der Arbeitsfläche ausbreiten und mit jeweils einer Fleischscheibe belegen. Jede Fleischscheibe auf der Oberseite mit Salz und zerdrückten Pfefferkörnern würzen.
3. Zucchino waschen, putzen und in etwa bleistiftdünne Stifte schneiden. Die Stifte auf dem Fleisch verteilen. Jede Fleischscheibe wie eine Roulade aufrollen.
4. Die Reispapierblätter nacheinander in kaltem Wasser quellen lassen, bis sie weich sind. Jeweils auf einem Küchentuch ausbreiten und mit einem zweiten Tuch trockentupfen: Je trockener die Päckchen sind, desto weniger spritzt das Öl beim Braten. Jede Fleischrolle in ein Reisblatt wickeln.
5. Die Frühlingszwiebeln putzen, waschen und in etwa 3 cm lange Stücke schneiden. Maiskolben gegebenenfalls von den Hüllblättern und Fäden befreien und ebenfalls waschen. Pfefferschote längs halbieren, Stiel und alle scharfen Kerne entfernen. Schotenhälften kalt abspülen und hacken.
6. Zucker in einer Pfanne bei mittlerer Hitze schmelzen und leicht bräunen lassen. Orangensaft unter Rühren zugießen, Pfefferschote zugeben und die Sauce bei mittlerer Hitze unter Rühren auf etwa die Hälfte einkochen lassen. Mit Tomatenmark und Salz würzen und zugedeckt warm halten.
7. In der Pfanne 3 Eßlöffel Öl erhitzen. Die Poulardenbrüste darin bei mittlerer Hitze pro Seite etwa 3 Minuten anbraten. Bei mittlerer bis schwacher Hitze in etwa 10 Minuten fertig braten, dabei einmal wenden.
8. Während das Fleisch brät, das restliche Öl in einer anderen Pfanne erhitzen. Maiskolben und Frühlingszwiebeln darin bei mittlerer Hitze unter Rühren anbraten. Pflaumenwein und Sojasauce zugeben und einige Male umrühren. Mit Salz abschmekken und mit dem Fleisch auf heißen Tellern anrichten. Die Sauce darüber verteilen.

Dazu: Reis.

Reispapier haftet beim Braten leicht am Pfannenboden. Deshalb für die Päckchen am besten eine beschichtete Pfanne nehmen.

Glasierte Entenbrust

Für 4 Portionen

Pfannkuchen:
1/4 l Wasser
300 g Mehl
Salz
Mehl für die Arbeitsfläche
Sauce:
100 g frische Ananas
50 g Pflaumenmus
3 EL Reisessig
40 g brauner Zucker
2 Knoblauchzehen
1 rote Pfefferschote
außerdem:
8 Frühlingszwiebeln
2 EL Honig
1 EL Sesamsamen
2 Entenbrüste (je ca. 250 g)
Salz
weißer Pfeffer
3 EL Sesamöl
1 EL Maiskeimöl

Pro Portion 747 Kalorien
Zubereitung: 1 1/2 Stunden

1. Wasser aufkochen. Mehl und eine Prise Salz in eine Schüssel geben, in die Mitte eine Vertiefung drücken. Wasser nach und nach in diese Mulde gießen und alles mit dem Stiel eines Kochlöffels verrühren. Auf der bemehlten Arbeitsfläche zu einem elastischen Teig kneten. Zugedeckt bei Zimmertemperatur 40 Minuten ruhen lassen.
2. Geschälte Ananas mit Pflaumenmus, Essig, Zucker, geschälten Knoblauchzehen und entkernter Pfefferschote pürieren. Bis zum Servieren zugedeckt beiseite stellen.
3. Frühlingszwiebeln putzen, längs halbieren, waschen und trockentupfen. Quer in etwa 10 cm lange Stücke, dann längs in Streifen schneiden. Auf einer Platte anrichten.
4. Honig bei schwacher Hitze flüssig werden lassen, mit den Sesamsamen mischen und in einem Schälchen zugedeckt warm halten. Entenbrüste mit Salz und Pfeffer aus der Mühle einreiben.
5. Teig in 16 gleichgroße Stücke teilen und jedes Stück mit dem Handballen flachdrücken. 8 Stücke mit Sesamöl bestreichen, die anderen Stücke darauflegen. Mit dem Nudelholz zu Teigplatten von etwa 15 cm Durchmesser ausrollen.
6. Eine Pfanne mit etwas Sesamöl auspinseln und erhitzen. Die Teigplatten darin pro Seite etwa 1 Minute bei mittlerer Hitze backen, bis sie braune Blasen bekommen. Herausnehmen und vorsichtig trennen. In ein Küchentuch wickeln und in einer zweiten Pfanne auf der schwach erhitzten Kochstelle warm halten.
7. Den Backofen auf 200 Grad (Umluft 180 Grad, Gas Stufe 4) vorheizen. Maiskeimöl für die Entenbrust in einem Bräter erhitzen. Entenbrust mit der Hautseite nach unten darin bei starker Hitze anbraten, bis die Haut leicht gebräunt ist. Bräter mit dem Rost in den Ofen (Mitte) schieben. Fleisch etwa 12 Minuten braten. Herausnehmen, wenden und 4 Minuten ruhen lassen. Die Entenbrust in dünne Scheiben schneiden und mit der Honigmischung glasieren.

Eine europäisch vereinfachte, gleichwohl köstliche Version der Peking-Ente. Und ähnlich wie die berühmteste Ente der chinesischen Küche sollten Sie auch diese Brüstchen essen: jeweils einen Pfannkuchen in die Hand nehmen, mit Pflaumensauce bestreichen und mit Zwiebelstreifen und einigen Fleischscheiben belegen. Das Ganze wie ein Sandwich zusammenklappen und essen.

ENTENBRUST MIT AUSTERNPILZEN

Als grünen Pfeffer (rechts) bezeichnet man die unreif geernteten Pfefferkörner. Um die grüne Farbe zu erhalten, müssen sie in Essig oder Salzlake eingelegt oder gefriergetrocknet werden. Denn beim Trocknen an der Luft werden sie schwarz und schrumpelig – eben schwarzer Pfeffer. Weißer Pfeffer sind die ganz ausgereiften Pfefferbeeren. Anispfeffer (oben) – auch Sansho oder Szechuanpfeffer genannt – stammt nicht vom Pfefferstrauch, sondern von einem kleinen Baum mit dornigen Zweigen und gefiederten Blättern. Er wächst in Japan, Korea und Nordchina. Die Früchte verwendet man wie Pfeffer.

Für 4 Portionen

500 g entbeinte Entenbrust
Marinade:
200 ml Portwein
2 EL grüne Pfefferkörner
1/4 TL Currypulver
1/4 TL gemahlener Koriander
Pilze:
200 g Austernpilze
2 Schalotten
2 Handvoll Korianderblätter
3 EL Maiskeimöl
100 ml Fleischbrühe
1 EL Sojasauce
Salz

Pro Portion 420 Kalorien
Zubereitung: 1 Stunde
Marinierzeit: 1 Tag

1. Die Haut der Entenbrust ablösen und zugedeckt in den Kühlschrank stellen. Fleisch in dünne Scheiben schneiden.
2. Portwein mit Pfefferkörnern, Curry und Koriander bei starker Hitze unter Rühren um etwa 1/3 einkochen lassen. Lauwarm abgekühlt mit dem Fleisch vermischen. Fleisch zugedeckt im Kühlschrank 1 Tag marinieren.
3. Entenhaut in dünne, Pilzhüte in breitere Streifen schneiden. Schalotten und Koriander fein hacken.
4. In einer Pfanne 1 Eßlöffel Öl erhitzen. Fleischscheiben darin unter ständigem Wenden bei starker Hitze 3 Minuten braten. Herausnehmen und auf einem Teller beiseite stellen.
5. Brühe und Sojasauce in die Pfanne gießen und etwas einkochen lassen. Fleisch daruntermischen und zugedeckt warm halten.
6. Restliches Öl erhitzen. Entenhaut darin bei starker Hitze etwa 2 Minuten braten. Pilze zugeben und 1 Minute mitbraten. Schalotten und Koriander untermischen. Mit Salz würzen.
7. Entenbrust mit der Sauce anrichten, Pilzmischung darüber verteilen.

Dazu: Reis oder Reisnudeln und Salat.

GEFLÜGELSATÉ MIT NUSS-SAUCE

Für 4 Portionen

4 entbeinte Hühnerbrüstchen
Marinade:
1 EL Sojasauce
1 EL trockener Sherry
je 1/2 TL Ingwerpulver, Currypulver, Zucker
weißer Pfeffer
je 1 EL Sesamöl und Erdnußöl
Sauce:
100 g Haselnüsse, 1 EL Honig
200 ml Geflügelfond
(siehe Seite 99)
3 EL Portwein
1 EL Erdnußöl

Pro Portion 460 Kalorien
Zubereitung: 40 Minuten
Marinierzeit: 1 Tag

1. Hühnerbrüstchen häuten und längs zur Faser in 1/2 cm breite Streifen schneiden.
2. Alle Zutaten für die Marinade verrühren, Fleisch daruntermischen und zugedeckt im Kühlschrank 1 Tag marinieren.
3. Die Nüsse bei mittlerer Hitze etwa 4 Minuten rösten, bis sich die braunen Häute lösen. Nüsse in ein Küchentuch geben und die Häute möglichst gut abreiben.
4. Nüsse und Honig bei mittlerer Hitze heiß werden lassen, bis der Honig flüssig ist. Geflügelfond und Portwein zugeben und bei starker Hitze auf die Hälfte einkochen lassen. Im Mixer pürieren. Dabei Öl zugeben.
5. Fleisch ziehharmonikaförmig auf 8 Holzspieße stecken und im Elektrogrill etwa 12 Minuten grillen. Zum Essen in die Nußsauce stippen.

Nur ganz fein zerkleinert verbinden sich die Nüsse so mit den anderen Zutaten, daß die Sauce dick wie Mayonnaise wird. Wer keinen Mixer hat, nimmt für die Sauce fein gemahlene Nüsse.

Saté, knusprige Grillspießchen mit Geflügel oder Fleisch, gibt es in Indonesien als schnellen Imbiß. Traditionell gehören zu Saté Erdnußsauce, rohes Gemüse und »Lontong«: Würfel aus gepreßtem, kaltem Reis, der in Bananenblättern gegart wird.

GERÖSTETE GELBE POULARDE

Lauter Exoten: rechts im Bild das gelbe Pulver von Kurkuma, treffend auch Gelbwurz genannt, links daneben die ganzen Wurzeln.
Die Verwandte des Ingwers verwendet man seit vielen Jahrhunderten zum Färben von Speisen und Stoffen – zum Beispiel von ostasiatischen Mönchsgewändern.
Und natürlich als Gewürz – vor allem in der indischen und indonesischen Küche, wo es Bestandteil des Currypulvers ist.
Oben liegt Kreuzkümmel, auch Kumin oder Djintan genannt. Diese Samen eines Doldengewächses mit pfefferigem, leicht bitterem Geschmack hat man im alten Ägypten nur als Heilmittel verwendet, in der griechischen und römischen Antike als Gewürz. Bei uns kennt man Kreuzkümmel etwa seit dem Mittelalter. Er gehört unbedingt zur indischen Reis- und Curry-Küche und ist – genau wie Gelbwurz – auch bei uns in Reformhäusern, Asien- und Naturkostläden zu bekommen.

Für 4 Portionen

1 Poularde (ca. 1,5 kg)
Salz
weißer Pfeffer
1 Messerspitze Safranfäden
2 EL heißes Wasser
1 Knoblauchzehe
1 kleine Scheibe frische Ingwerwurzel
1 TL Zitronensaft
1 EL gemahlene Gelbwurz
1 TL gemahlenes Kardamom
1/2 TL gemahlener Kreuzkümmel
300 g Joghurt (3,5 %)
4 EL Maiskeimöl

Pro Portion 662 Kalorien
Zubereitung: 1 1/4 Stunden
Kühlzeit: 40 Minuten

1. Poularde innen und außen kalt abspülen und rundherum abtrocknen. In einem Schälchen Salz und Pfeffer aus der Mühle mischen. Poularde zuerst innen damit ausstreuen. Dann außen kräftig mit der Mischung einreiben.
2. Die Safranfäden zwischen den Fingern zerreiben und in einem Schälchen mit dem heißen Wasser verrühren, damit sie sich lösen. Geschälte Knoblauchzehe fein hacken. Ingwer mit einem kleinen scharfen Messer wie eine Kartoffel schälen und ebenfalls fein zerkleinern.
3. Safran, Knoblauch, Ingwer, Zitronensaft, Gelbwurz, Kardamom und Kreuzkümmel mit dem Joghurt verrühren. Die Poularde rundherum mit dieser Mischung bestreichen und zugedeckt 40 Minuten in den Kühlschrank stellen.
4. In einem Bräter 2 Eßlöffel Öl erhitzen. Die Poularde mit der Brust nach oben hineinlegen und mit dem restlichen Öl beträufeln.
5. Bräter mit dem Rost auf die untere Schiene des kalten Backofens stellen. Ofen auf 180 Grad (Umluft 160 Grad, Gas Stufe 3) schalten. Poularde 50 bis 60 Minuten braten, dabei etwa alle 10 Minuten mit dem Fond beschöpfen, der sich am Boden des Bräters sammelt, damit die Haut schön goldgelb und knusprig wird.
Dazu: Reis und Salat.

Zu den Delikatessen von Java und Bali gehört Geflügel, das zuerst in Gewürzen und Kokosmilch zieht. Dann verschnürt man es wie ein Paket in Bananenblättern und läßt es über der offenen Feuerstelle im eigenen Saft und den aromatischen Gewürzen vor sich hin schmurgeln. Falls Sie Bananenblätter auf einem großen Gemüsemarkt bekommen, sollten Sie ein Grillfest veranstalten und das Originalrezept, eventuell mit Ente, zubereiten. Mit weniger Aufwand, aber genauso viel Genuß verbunden, ist das Rezept oben. Übrigens ideal zur Gästebewirtung: Das Huhn kann so lange in der Marinade ziehen, bis Sie den Tisch gedeckt und die anderen Gänge vorbereitet haben. Und kommt in den Ofen, wenn die Gäste eintreffen. Dann ist genügend Zeit für Aperitif, Vorspeise und ein vegetarisches Gericht oder einen Fischgang.

Pute mit Gemüse und Pilzen

Würzt zarter als Knoblauchzehen und trägt verschiedene Namen: In seiner Heimat Asien, wo er wild wächst, heißt er Kui Ts'ai, bei uns Schnittknoblauch, Knolau oder Chinesischer Schnittlauch. Die Blättchen verwenden Sie wie Schnittlauch, die Blütenknospen schmecken fritiert. Das Kraut wird bei uns angebaut und fast das ganze Jahr über im Gemüsehandel angeboten.

Für 4 Portionen

350 g Putenbrustfilet
3 EL Sojasauce
2 TL Maisstärke
1/2 EL Zucker
4 getrocknete Mu Err-Pilze
1 Knoblauchzehe
1 kleine Zwiebel
1 grüne Pfefferschote
1 Scheibe Ingwerwurzel
je 1/2 rote, grüne und gelbe Paprikaschote
50 g Porree
50 g Sojasprossen
200 ml Tomatensaft
100 ml Geflügelfond
6 EL Maiskeimöl
1/2 Bund Schnittlauch

1. Fleisch quer zur Faser in Streifen schneiden. Mit 1 Eßlöffel Sojasauce, 1 Teelöffel Maisstärke und Zucker vermischt zugedeckt kühlen, bis die anderen Zutaten vorbereitet sind.
2. Pilze in heißem Wasser 10 Minuten einweichen, abgießen und in feine Streifen schneiden. Knoblauch, Zwiebel, entkernte Pfefferschote und geschälten Ingwer hacken. Paprikaschoten und Porree in Streifen schneiden.
3. Tomatensaft, Fond und den Rest von Sojasauce und Maisstärke verrühren.
4. Fleisch in 4 Eßlöffeln Öl bei starker Hitze unter Rühren anbraten, bis es sich weiß färbt. Auf einem Teller beiseite stellen.
5. Pfanne säubern, restliches Öl darin erhitzen. Knoblauch, Zwiebel, Pfefferschote, Ingwer, Paprika, Porree und Sprossen bei starker Hitze unter Rühren 1 Minute braten.
6. Fleisch und Tomatensaft mischung zugeben und aufkochen. Mit Salz und Pfeffer würzen. Schnittlauchröllchen darüberstreuen.

Pro Portion 336 Kalorien
Zubereitung: 1 Stunde

HÜHNERBÄLLCHEN MIT ANANASDIP

Für 4 Portionen

1 Baby-Ananas
50 g Cashewnußkerne
1 1/2 EL Zucker
200 ml Tomatensaft
1 EL Weißweinessig
1/2 EL Sojasauce, Salz
3 entbeinte Poulardenbrüste
1 Knoblauchzehe
1 Schalotte
1 EL Korianderblättchen
1/2 l Maiskeimöl
1/2 TL Korianderpulver
1 Messerspitze Curry
2 Eier, 30 g Mehl
1 Messerspitze Backpulver
1 EL Maisstärke

Pro Portion 359 Kalorien
Zubereitung: 1 1/2 Stunden

1. Geschälte Ananas würfeln. Gehackte Nüsse goldgelb rösten. Zucker darüberstreuen und unter Rühren karamelisieren. Mit Tomatensaft ablöschen, kräftig einkochen lassen.
2. Ananas, Essig und Sojasauce zugeben und aufkochen. Mit Salz abschmecken.
3. Poulardenbrüste von Haut, Fett und Sehnen befreien und durch den Fleischwolf drehen. Knoblauch und Schalotte schälen. Korianderblättchen getrennt fein hacken.
4. 1 Eßlöffel Öl erhitzen, Knoblauch und Schalotte darin bei schwacher Hitze glasig braten. Abgekühlt mit dem Fleisch vermischen.
5. Fleisch mit Korianderblättchen, gemahlenem Koriander, Curry, Eiern, Mehl, Backpulver, Salz und Maisstärke zu einem glatten Teig vermischen.
6. Restliches Öl zum Fritieren erhitzen. Vom Fleischteig Bällchen abstechen und goldgelb ausbacken. Auf Küchenpapier abtropfen lassen und heiß mit dem Dip servieren.

Die ältesten Zuckerquellen sind Palmen: Beim Anzapfen scheiden sie einen Saft aus, der mehr Zucker (Saccharose) enthält als Zuckerrohr. Palmzucker, durch Eindicken gewonnen, ist nicht streufähig wie weißer oder brauner Zucker. Man kann ihn auch nicht fein zerkleinern – etwa im Blitzhacker –, sondern nur wie fest gewordenen Honig schmelzen. Er gibt Süßspeisen oder süß-sauren Gerichten ein ganz besonderes Aroma, das Sie mit braunem Rohrzucker fast, mit weißem überhaupt nicht erreichen.

Schweinefleisch mit Auberginen

Eine der vielen Sorten von Auberginen, fotografiert in Thailand. Die Pflanze stammt aus den Tropen Asiens und Afrikas und kam vermutlich durch die Araber im 13. Jahrhundert nach Europa. Obwohl nicht besonders reich an Nährstoffen, sind Auberginen gesund: Mit einem Wassergehalt von etwa 92 Prozent gehören sie zu den kalorienarmen Gemüsen.

Für 4 Portionen

1 Aubergine (ca. 400 g)
5 EL Öl
400 g Schweinefilet
50 g Sesamsamen
3 EL Reiswein
3 EL Sojasauce
1/2 TL Zucker
Salz
weißer Pfeffer

Pro Portion 429 Kalorien
Zubereitung: 30 Minuten

1. Aubergine würfeln und in 4 Eßlöffeln Öl bei schwacher Hitze etwa 15 Minuten braten, bis die Würfel weich und leicht gebräunt sind. Dabei immer wieder wenden.
2. Während die Aubergine brät, Fleisch zuerst in fingerdicke Scheiben, dann in schmale Streifen schneiden.
3. Aubergine aus der Pfanne nehmen und warm halten. Sesam in der Pfanne unter Rühren etwa 1/2 Minute rösten und über die Auberginen geben.
4. Restliches Öl erhitzen. Fleisch darin bei starker Hitze unter Wenden braten, bis es sich grau färbt. Reiswein, Sojasauce, Zucker, Salz und Pfeffer aus der Mühle untermischen.
5. Auberginen zugeben und alles noch einmal unter Rühren erhitzen.

Dazu: Reis oder Reisnudeln.

Mettbällchen mit Chinakohl

Für 4 Portionen

1 kleines Stück Ingwerwurzel
1 Knoblauchzehe
1/2 EL Koriander- oder Petersilienblättchen
250 g Schweinemett
1 Ei
Salz
weißer Pfeffer
1 Kopf Chinakohl (ca. 500 g)
2 mittelgroße Zwiebeln
1/8 l Maiskeimöl
3 EL Hühnerbrühe
4 EL Sojasauce
2 EL Reiswein
1 EL Kerbelblättchen zum Bestreuen

Pro Portion 383 Kalorien
Zubereitung: 1 1/4 Stunden

1. Für die Mettbällchen geschälten Ingwer, Knoblauch und etwa 1/2 Eßlöffel Koriander ganz fein hacken. Schweinemett, Ei, Salz und eine kräftige Prise Pfeffer aus der Mühle zugeben und alles vermischen, bis der Teig gut bindet.
Mit angefeuchteten Händen 8 etwa tischtennisballgroße Klöße formen.
2. Chinakohl putzen, Blätter lösen, waschen, trockentupfen und in etwa 5 cm große Stücke schneiden. Zwiebeln in dünne Ringe schneiden.
3. Öl in einer tiefen Pfanne oder im Wok erhitzen. Mettklöße darin etwa 7 Minuten ausbacken, bis sie außen braun und knusprig sind. Herausnehmen und auf Küchenpapier abtropfen lassen.
4. Chinakohlblätter portionsweise im heißen Öl etwa 3 Minuten backen, bis sie gerade eben weich sind. Zum Schluß die Zwiebelringe ausbacken, bis sie leicht gelb sind.
5. In einen großen Topf eine Lage Chinakohl geben, mit Salz und Pfeffer aus der Mühle würzen. Die Mettbällchen und Zwiebelringe darauflegen und mit dem restlichen Chinakohl bedecken.
Brühe, Sojasauce und Reiswein zugeben und einmal aufkochen. Alles zugedeckt bei schwacher Hitze 10 Minuten schmoren. Mit dem gehackten Kerbel bestreut servieren.

Dazu: Reis.

SCHWEINESTEAKS MIT CHUTNEY

Für 4 Portionen

Chutney:
4 Orangen
1/4 TL Maisstärke
Schale von 1/2 unbehandelten Orange
1 Zweig frische oder 1 TL eingelegte grüne Pfefferkörner
2 EL Pflaumenwein
1 EL Zucker
Steaks:
2 feste Bananen
1 Scheibe Ingwerwurzel
1 TL Currypulver
2 EL Maisstärke
5 EL Maiskeimöl
4 Schmetterlingssteaks (je ca. 130 g)
Salz
weißer Pfeffer
1 EL Mehl
1 Ei
30 g Kokosflocken

Pro Portion 570 Kalorien
Zubereitung: 1 1/4 Stunden
Kühlzeit: 4 Stunden

1. Die Orangen schälen und filieren, dabei den Saft auffangen. 1 Eßlöffel Saft mit der Maisstärke verrühren. Orangenschale mit einem kleinen scharfen Messer in hauchfeine Streifen schneiden. Die frischen Pfefferkörner mit einer Gabel abstreifen, eingelegten Pfeffer auf einem Teesieb abtropfen lassen.
2. Pflaumenwein, Zucker, die Schalenstreifen und den Orangensaft ohne die Maisstärke in einem Topf bei starker Hitze unter Rühren auf etwa 2/3 der Flüssigkeit einkochen lassen. Die mit dem Orangensaft angerührte Maisstärke daruntermischen und aufkochen. Orangenfilets und Pfefferkörner zugeben und erhitzen, aber nicht mehr kochen lassen. Das Chutney etwa 4 Stunden zugedeckt kühl stellen.
3. Bananen und Ingwer schälen. Bananen in Scheiben schneiden. Currypulver mit Maisstärke vermischen. Die Bananenscheiben darin wenden.
4. In einer Pfanne 2 Eßlöffel Öl erhitzen. Bananen darin bei mittlerer bis schwacher Hitze auf beiden Seiten kurz anbraten; sie sollen dabei nicht weich werden. Herausnehmen und auf Küchenpapier abtropfen lassen.
5. Steaks einzeln zwischen zwei Blätter Haushaltfolie legen. Mit einem Fleischplattierer oder mit dem Handballen einige Male fest darüberstreichen, damit das Fleisch sich dehnt und flach wird.
6. Fleisch mit dem Ingwerstück einreiben, mit Salz und Pfeffer aus der Mühle würzen und mit den Bananenscheiben belegen. Steaks zusammenklappen und leicht festdrükken. Zuerst im Mehl, dann im verquirlten Ei, zum Schluß in den Kokosflocken wenden.
7. Das restliche Öl in der Pfanne erhitzen. Steaks darin bei mittlerer bis schwacher Hitze pro Seite etwa 3 Minuten braten, bis die Flocken goldbraun sind. Steaks herausnehmen, auf Küchenpapier abtropfen lassen und mit dem Chutney servieren.

Dazu: Reis und Sojasprossensalat mit geröstetem Sesam.

Nehmen Sie sehr feste, also noch unreife Bananen, die beim Braten nicht so leicht zerfallen. Weiche Bananen könnten in der Pfanne nämlich zu Mus werden.

RINDFLEISCH SZECHUAN ART

Für 4 Portionen:

300 g Rindfleisch (Hüfte)
Marinade:
1 EL Maisstärke
1 EL Sojasauce
1 Eiweiß
außerdem:
1 Stück Ingwerwurzel (ca. 40 g)
1 rote Paprikaschote
1 grüne Paprikaschote
1 mittelgroße Zwiebel
1 kleine Stange Porree (ca.100g)
1 kleine rote Pfefferschote
1 kleine Knoblauchzehe
6 EL Maiskeimöl
1 TL Tomatenmark
2 EL trockener Sherry
3 EL Sojasauce
Salz
1 TL Reisessig

Pro Portion 370 Kalorien
Zubereitung: 1 Stunde

1. Fleisch quer zur Faser in dünne Scheiben schneiden. Scheiben nach Wunsch halbieren.
2. Für die Marinade Maisstärke mit Sojasauce und Eiweiß verrühren. Fleisch damit mischen und zugedeckt ziehen lassen, bis die anderen Zutaten vorbereitet sind.
3. Ingwerwurzel wie eine Kartoffel schälen und in Scheibchen, dann in streichholzdünne Stifte schneiden. Paprikaschoten waschen, halbieren, von Stiel und Kernen befreien und in feine Streifen schneiden. Zwiebel schälen, halbieren und in dünne Scheiben schneiden. Den Porree vom Wurzelansatz und den welken Blättern befreien, längs halbieren, waschen und zuerst quer in etwa 4 cm lange Stücke, dann längs in feine Streifen schneiden. Knoblauch fein hacken. Pfefferschote halbieren, Kerne entfernen, Schotenhälften waschen und in feine Streifen schneiden.
4. In einer Pfanne oder im Wok 1 Eßlöffel Öl erhitzen. Fleisch darin bei starker Hitze unter ständigem Rühren anbraten, bis es sich grau färbt. Dabei soll die Hitze so stark sein, daß sich keine Flüssigkeit in der Pfanne bildet. Fleisch herausnehmen und auf einem Teller beiseite stellen.
5. Restliches Öl im Wok erhitzen. Ingwer darin bei mittlerer Hitze unter Rühren goldbraun braten. Zwiebeln, Paprikaschoten und Porree zugeben und bei starker Hitze unter Rühren etwa 2 Minuten braten.
6. Fleisch, Knoblauch, Chilischote, Tomatenmark, Sherry und Sojasauce untermischen. Bei mittlerer Hitze unter weiterem Rühren knapp 2 Minuten braten, bis das Gemüse gerade eben bißfest ist. Mit Salz und Essig abschmecken und sofort servieren.

Dazu: Reis oder Pfannkuchen (Rezept Seite 67) und Salat.

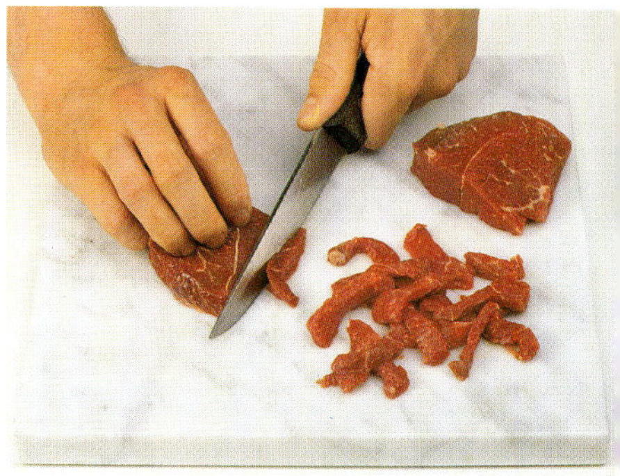

Szechuan oder, nach neuer Transkription »Sichuan«, bietet in seinem östlichen Teil eine fruchtbare Landschaft: Reis und Raps für Öl, Maulbeerbäume für die Seidenraupenzucht, Gewürze, Zuckerrohr, Tee und eine Menge Gemüse und Obst wachsen hier, und kommen aufgrund des milden Klimas selbst in den Wintermonaten auf die Märkte.
Das Rezept oben zeigt Ihnen, wie man in dieser bevölkerungsreichsten Provinz Chinas kocht: Die Gerichte sind herzhaft gewürzt – oft höllisch scharf. Saucen verwendet man nur sparsam. Ideal ist die Harmonie zwischen süß und sauer, scharf und salzig.

HACKFLEISCH MIT NÜSSEN

Austern verarbeitet man in Asien zu einer würzigen Sauce (unten), die gut zu Gemüse paßt. Hoisinsauce (links) aus Bohnen, Zucker und Gewürzen nimmt man traditonell zu Schweinefleisch und Geflügel. Pflaumensauce gehört zu Gänse- und Entenbraten. Alle diese chinesischen Würzsaucen können Sie fertig in Asienläden und Feinkostgeschäften kaufen.

Für 4 Portionen

1 kleiner Kopf Eisbergsalat
100 ml Reisessig
40 g Glasnudeln
5 EL Öl
80 g Haselnußkerne
1 Zwiebel
1 Knoblauchzehe
1 grüne Pfefferschote
4 Frühlingszwiebeln
2 Tomaten
500 g gemischtes Hackfleisch
1/2 EL Tomatenmark
2 EL Sojasauce
Salz

Pro Portion 618 Kalorien
Zubereitung: 50 Minuten

1. Salat putzen, Blätter in möglichst großen Stücken ablösen. Waschen und in einer Schüssel mit dem Essig vermischen.
2. Glasnudeln in etwa 3 cm lange Stücke schneiden. In 3 Eßlöffel Öl bei mittlerer Hitze unter ständigem Wenden knusprig braten. Auf einem Teller beiseite stellen.
3. Haselnüsse, Zwiebel, Knoblauch und entkernte Pfefferschote hacken. Frühlingszwiebeln putzen, waschen und in 1/2 cm breite Stücke schneiden. Tomaten häuten und würfeln.
4. Restliches Öl erhitzen. Fleisch darin bei starker Hitze unter Rühren anbraten, bis es sich grau färbt. Nüsse, Zwiebel, Knoblauch, Pfefferschote und Frühlingszwiebeln zugeben und alles bei starker Hitze unter Rühren etwa 1 Minute braten.
5. Tomaten, Tomatenmark und Sojasauce zugeben und den Bratensatz unter Rühren lösen. Mit Salz abschmecken.
6. Zum Essen jeweils ein Salatblatt mit Fleisch und gebratenen Nudeln belegen und zusammengefaltet aus der Hand essen.

Rinderröllchen mit Meerrettich

Für 4 Portionen

16 Rinderfiletscheiben
(je ca. 50 g)
½ rote Paprikaschote
50 g frische Shiitake-Pilze
70 g Cashewnußkerne
1 kleine Knoblauchzehe
1 kleines Bund Basilikum
20 g Ingwerwurzel
1 EL Sesamöl
1 EL Maiskeimöl
70 g Rinderhack
Salz, weißer Pfeffer
50 g Meerrettichwurzel
500 ml Rinderfond
1 EL Maisstärke
3 EL kaltes Wasser

Pro Portion 492 Kalorien
Zubereitung: 1 ½ Stunden

1. Fleisch zwischen Haushaltsfolie auf etwa 5 mm flachdrücken.
2. Paprikaschote, Pilzhüte, Nußkerne, Knoblauch, Basilikum und geschälten Ingwer getrennt fein hacken.
3. Beide Ölsorten erhitzen, Nacheinander Paprikaschote, Pilze, Nüsse, Knoblauch und Rinderhack darin bei mittlerer Hitze einige Sekunden anbraten. Lauwarm abgekühlt mit Basilikum, Salz, Pfeffer aus der Mühle und Ingwer mischen. Diese Füllung auf den Fleischscheiben verteilen. Fleisch zusammenrollen und mit Zahnstochern feststecken.
4. Rinderfond in einem breiten, flachen Topf aufkochen. Fleischröllchen darin bei schwacher Hitze 4 Minuten gar ziehen, aber nicht kochen lassen. Dabei einmal wenden. Herausnehmen und zugedeckt warm halten.
5. Fond bei mittlerer Hitze in etwa 10 Minuten auf die Hälfte einkochen. Meerrettich schälen, waschen und fein reiben.
6. Maisstärke mit Wasser verrühren, Fond damit binden. Die Hälfte des Meerrettichs untermischen. Röllchen mit der Sauce anrichten und mit dem Rest des Meerrettichs bestreuen.

Probieren Sie japanischen Meerrettich: Wasabi, gewonnen aus den höllisch scharfen Wurzeln der gleichnamigen Pflanzen. Frische Wurzeln bekommt man bei uns nicht, sondern nur Tuben- oder Pulver-Wasabi. Das Pulver in etwas Wasser anrühren und zugedeckt 10 Minuten ziehen lassen.

MILDES LAMMCURRY MIT ZITRONE

Am besten schmeckt ein Currygericht, wenn Sie die Gewürze selbst mischen, zum Beispiel so: 3 Eßlöffel gemahlene Gelbwurz, je 1 Teelöffel Cayennepfeffer und weißen Pfeffer, je 1/2 Teelöffel Koriander-, Ingwer-, Kreuzkümmel-, Zimtpulver, gemahlene Nelken, gemahlenes Kardamom und Macis vermischen. In einem Gefäß aus dunklem Glas fest verschlossen aufbewahren. Natürlich können Sie auch fertig gemixtes Currypulver nehmen. Gute Mischungen aus hochwertigen Gewürzen bekommen Sie in Asien- und Feinkostläden, Reformhäusern und manchen Supermärkten. Kaufen Sie möglichst kleine Mengen, die Sie innerhalb von drei Monaten verbrauchen. Denn gemahlene Gewürze verlieren rasch an Aroma. Currypulver – egal ob selbstgemischt oder gekauft – nicht einfach über die Speisen streuen, sondern mit allen anderen Zutaten in Flüssigkeit garen.

Für 4 Portionen

1 kg Lammschulter ohne Knochen
Salz
weißer Pfeffer
2 Zweige rote Pfefferminze
2 Knoblauchzehen
2 EL Currypulver (selbst gemischt, siehe links, oder gekauft)

Sauce:
1 kleine rote Zwiebel
1 Knoblauchzehe
Schale von 1/4 unbehandelten Zitrone
Schale von 1/4 unbehandelten Orange
6 Basilikumblätter
2 EL Erdnußöl
400 g Kokoscreme
100 ml Geflügelbrühe
Salz
weißer Pfeffer

außerdem:
je 1 kleine grüne und rote Pfefferschote
2 EL Mehl
1/4 l Maiskeimöl
Basilikumzweige zum Garnieren

Pro Portion 960 Kalorien
Zubereitung: 1 1/4 Stunden

1. Fleisch in etwa 1 cm große Würfel schneiden, dabei Fett und Sehnen entfernen. Mit Salz und Pfeffer einreiben. Minze und Knoblauch fein hacken. Fleischwürfel damit mischen und ziehen lassen, bis die Sauce zubereitet ist.
2. Currypulver in einem Schälchen bereitstellen. Zwiebel und Knoblauch hacken. Je etwa 1 Teelöffel Zitronen- und Orangenschale auf einen kleinen Teller reiben. Den Rest der Zitrusschale mit einem Sparschäler ganz dünn abschneiden und in hauchfeine Streifen schneiden. Basilikumblätter ebenfalls in dünne Streifen schneiden.
3. Erdnußöl in einem Topf erhitzen. Zwiebel und Knoblauch darin bei schwacher Hitze unter ständigem Rühren etwa 3 Minuten braten. Kokoscreme und Currypulver untermischen, Geflügelbrühe zugießen und bei mittlerer Hitze unter Rühren dickflüssig einkochen lassen. Geriebene Zitrusschalen und Basilikum untermischen und einmal aufkochen.
4. Sauce pürieren und nach Wunsch auch durch ein Sieb streichen. Zugedeckt warm halten, bis das Fleisch gebraten ist.
5. Pfefferschoten von allen Kernen befreien und in feine Streifen schneiden.
6. Fleisch mit dem Mehl bestäuben. Öl in einem hohen Topf zum Fritieren erhitzen. Fleischwürfel portionsweise darin knusprig braun braten, mit einem Schaumlöffel herausnehmen und auf Küchenpapier abtropfen lassen.
7. Gebratenes Fleisch mit der Sauce vermischen und auf heißen Tellern anrichten. Mit den Streifen der Pfefferschoten, Zitronen- und Orangenschale und Basilikum garnieren.

Dazu: fritiertes indisches Fladenbrot wie auf dem Foto oder Reis.

Fett- und kalorienärmer ist das Curry, wenn Sie das Fleisch nicht ausbacken, sondern schmoren: Zuerst im Erdnußöl anbraten, dann mit angebratenen Zwiebeln, Knoblauch und Curry mischen. Mit Kokoscreme und Brühe aufgießen und zugedeckt bei schwacher Hitze in etwa 1 Stunde weich garen. Zum Schluß geriebene Zitrusschalen und Basilikum untermischen und das Curry wie oben beschrieben anrichten.

SCHWEINEFLEISCH MIT PILZEN

Shiitake, ein japanischer Waldpilz, wird bei uns in Pilzfarmen gezüchtet. Die Pilze sind äußerst »pflegeleicht«: Weil sie auf Holzstämmen wachsen, braucht man sie nicht zu waschen oder zu putzen. Es genügt, den zähen Stiel abzuschneiden.
Mit ihrem feinen, intensiven Aroma sind Shiitake eine gute Alternative zu Waldpilzen.

Für 4 Portionen:

400 g Schweinefilet
2 Knoblauchzehen
5 EL helle Sojasauce
Salz
weißer Pfeffer
240 g Shiitake-Pilze
2 rote Zwiebeln
1 Stück Ingwerknolle (ca. 40 g)
4 EL Öl
4 EL dunkle Sojasauce

Pro Portion 350 Kalorien
Zubereitung: 45 Minuten

1. Fleisch quer zu den Fasern in dünne Scheiben schneiden. Knoblauch hacken. Beide Zutaten mit Sojasauce, Salz und mit Pfeffer aus der Mühle vermischen und ziehen lassen, bis die anderen Zutaten vorbereitet sind.
2. Stiele der Pilze abschneiden. Pilzhüte in etwa 5 mm breite Streifen schneiden. Zwiebeln schälen, halbieren und in feine Scheibchen schneiden. Ingwer schälen und fein zerkleinern.
3. In einer Pfanne oder im Wok 2 Eßlöffel Öl erhitzen. Fleisch darin bei starker Hitze unter Rühren braten, bis es sich grau färbt. Auf einem Teller beiseite stellen.
4. Das restliche Öl erhitzen. Pilze, Zwiebeln und Ingwer darin bei starker Hitze unter Rühren etwa 2 Minuten braten. Fleisch und Sojasauce untermischen. Mit Salz und Pfeffer abschmecken und sofort servieren.

Dazu: Reis, vermischt mit gemahlener Gelbwurz, oder Pfannkuchen (Rezept Seite 67).

Hackfleisch im Reismantel

Für 2 Portionen

75 g Rundkornreis
Salz
2 Schalotten
250 g Hackfleisch
1 Ei
Salz, Pfeffer
1 l kräftige Geflügelbrühe
1 Knoblauchzehe
1 Pfefferschote
1 Scheibe Ingwerwurzel
1 EL Erdnußöl
1 EL gehackte Petersilie
200 ml Tomatensaft
1/4 TL Speisestärke
1 1/2 EL Zucker
1 1/2 EL Essig
2 EL Tomatenketchup

Pro Portion 625 Kalorien
Zubereitung: 50 Minuten

1. Reis in reichlich Salzwasser 3 Minuten sprudelnd kochen. Abgießen, abtropfen und abkühlen lassen.
2. Schalotten hacken. Die Hälfte davon mit Hackfleisch und Ei vermischen, mit Salz und Pfeffer aus der Mühle kräftig würzen. Aus dem Fleischteig 8 Bällchen formen und im Reis wälzen.
3. Ein Bambuskörbchen oder einen Siebeinsatz mit geöltem Pergamentpapier auslegen. Die Bällchen nebeneinander hineinlegen.
4. Die Brühe zum Dämpfen in einen hohen Topf gießen. Eine Tasse umgedreht in den Topf stellen, darauf das Körbchen oder den Siebeinsatz geben. Die Fleischbällchen 8 Minuten zugedeckt dämpfen.
5. Inzwischen den Knoblauch, die entkernte Pfefferschote und den geschälten Ingwer hacken. Im heißen Öl mit der restlichen Schalotte und der Petersilie unter Wenden bei mittlerer Hitze 1 Minute braten. Tomatensaft mit Speisestärke und Zucker verrühren, zugießen und aufkochen. Mit Essig, Ketchup und Salz würzen und heiß zu den Bällchen servieren.

Klebereis ist ebenfalls eine ideale Hülle für die Hackfleischbällchen. Oder wie in Japan, Thailand und China Beilage zu Gerichten mit viel Sauce. Dieser besonders stärkehaltige Mittelkornreis ist nämlich genau richtig zum Essen mit Stäbchen: Die gegarten Körner haften aneinander und sind deshalb leicht in den Mund zu befördern. In den Regionen Asiens und Afrikas, wo man anstelle von Stäbchen oder Besteck Daumen, Zeige- und Mittelfinger benutzt, wird der Reis zu kleinen Kugeln gedreht, um damit Fleisch, Gemüse, Fisch und Sauce aufzunehmen.

FRÜHLINGSROLLEN MIT FLEISCH

Gut zum Fritieren: Raffiniertes Keimöl (rechts), Kokosfett (Mitte) und Erdnußöl können Sie stark erhitzen und mehrmals verwenden. Allerdings sollten Sie das Fett nach jedem Gebrauch durch ein Küchentuch filtern, um eventuell verbrannte Speisereste aufzufangen.

Für 4 Portionen

Teig:
370 g Mehl
150 ml Wasser
Salz
Füllung:
300 g Schweinefilet
2 EL Sojasauce
1 1/2 TL Currypulver
1/4 TL Ingwerpulver
1 TL Maisstärke
Salz
3 EL Sesamöl
1 Stange Porree (ca. 150 g)
1 kleine rote Paprikaschote (ca. 170 g)
120 g Sojasprossen
weißer Pfeffer
Sauce:
300 g Salatgurke
3-4 kleine Knoblauchzehen
Salz
400 g Sahnejoghurt
Saft von 1 1/2 Limetten
1/2 TL scharfes Paprikapulver
weißer Pfeffer
außerdem:
1 Eigelb zum Bestreichen
500 g Kokosfett zum Fritieren

Pro Portion 730 Kalorien
Zubereitung: 1 1/2 Stunden

1. Mehl, Wasser und eine kräftige Prise Salz in einer Schüssel zuerst mit den Knethaken des Handrührgerätes vermischen. Teig mit den Händen so lange kneten, bis er glatt und geschmeidig ist. Zuerst in leicht geöltes Pergamentpapier, dann in ein feuchtes Küchentuch wickeln und bei Zimmertemperatur 1 Stunde ruhen lassen.
2. Inzwischen für die Füllung Fleisch quer zur Faser in etwa 1/2 cm dünne Scheibchen, dann in möglichst feine Streifen schneiden. In einer Schüssel mit Sojasauce, Curry, Ingwer, Speisestärke, Salz und 1 Eßlöffel Öl mischen und ziehen lassen, bis das Gemüse geschnitten ist.
3. Porree putzen, waschen und in dünne Ringe schneiden. Paprikaschote putzen, waschen und in feine Streifen schneiden. Sprossen kalt abspülen und trockenschwenken.
4. In einer Pfanne 1 Eßlöffel Öl erhitzen. Fleisch darin bei starker Hitze unter ständigem Rühren braten, bis es knusprig ist. Aus der Pfanne nehmen.
5. Den Rest des Öls erhitzen. Gemüse und Sprossen darin bei starker bis mittlerer Hitze etwa 2 Minuten braten. Mit dem Fleisch mischen, mit Salz und Pfeffer aus der Mühle würzen. Füllung erkalten lassen, sonst wird der Teig beim Füllen der Frühlingsrollen zu weich und könnte reißen.
6. Während die Füllung abkühlt, für die Sauce die Gurke schälen, längs vierteln, die Kerne herausschneiden und die Gurkenstücke in kleine Würfel schneiden. Knoblauch mit Salz zerdrücken. Gurke, Knoblauch, Joghurt, Limettensaft, Paprika und Pfeffer aus der Mühle verrühren und zugedeckt bis zum Servieren kühlen.
7. Teig in 4 Portionen teilen. Jede Portion in der Nudelmaschine auf Stufe 6 zu einer dünnen Platte ausrollen. Teigplatten an den Seiten gerade schneiden und auf Küchentüchern ausgebreitet etwa 10 Minuten trocknen lassen. Abgeschnittene Teigreste zusammenkneten und wieder ausrollen, glattschneiden und ebenfalls trocknen lassen.
8. Aus den Teigplatten 16 etwa gleichgroße Stücke schneiden und an den Rändern mit Eigelb bestreichen. Jedes Stück mit etwa 2 Eßlöffel Füllung belegen, an den Seiten über der Füllung einschlagen und aufrollen (siehe Seite 13).
9. Fett in einem Topf zum Fritieren erhitzen. Frühlingsrollen 2 bis 3 Minuten ausbacken, bis sie knusprig sind. Auf Küchenpapier kurz abtropfen lassen und heiß mit der Joghurtsauce servieren.

MONGOLISCHER FEUERTOPF

Für 4 Portionen

Sesamdip:
1 kleine Frühlingszwiebel
60 g Sesampaste (Tahin)
185 ml helle Sojasauce
60 ml milder Weißwein- oder Reisessig
Ingwerdip:
100 g Rettich
1 Scheibe frische Ingwerwurzel
2 EL helle Sojasauce
6 EL Reiswein
6 EL Wasser
1 TL Ingwerpulver
außerdem:
600 g Lammrückenfilet
100 g Buchweizennudeln
100 g Sesamnudeln
Salz
2 TL Öl
100 g Austernpilze
100 g Shiitake-Pilze
15 g Mu Err-Pilze
2 Möhren
125 g Weißkohlblätter
125 g Brokkoli
8 Frühlingszwiebeln
2 l Lammfond
1 EL helle Sojasauce
1 1/2 TL schwarzer Pfeffer

Pro Portion 625 Kalorien
Zubereitung: 1 1/2 Stunden

1. Für den Sesamdip Frühlingszwiebel putzen, waschen und fein hacken. Sesampaste und Sojasauce verrühren. Essig und gehackte Frühlingszwiebel untermischen.
2. Für den Ingwerdip geschälten Rettich und Ingwer fein reiben. Mit Sojasauce, Reiswein, Wasser und Ingwerpulver vermischen. Beide Dips bis zum Servieren zugedeckt im Kühlschrank ziehen lassen.
3. Fleisch von Fett und Sehnen befreien und mit einem scharfen Messer in etwa 1/2 cm dünne Scheibchen schneiden.
4. Beide Nudelsorten getrennt in reichlich Salzwasser aufkochen und 2 Minuten sprudelnd kochen lassen. Abgießen, kalt abschrecken und jeweils mit 1 Teelöffel Öl vermischt in kleine Schälchen geben.
5. Pilzstiele abschneiden, Hüte in Streifen schneiden. Geschälte Möhren in Scheiben, gewaschene Kohlblätter in Rauten schneiden. Brokkoli in Röschen und Stiele teilen. Mu Err-Pilze mit kochendem Wasser überbrühen und 1/2 Stunde einweichen. Frühlingszwiebeln von Wurzelansätzen und welken grünen Blättern befreien, längs halbieren, waschen und in Stücke schneiden.
6. Fleischscheiben und zerkleinertes Gemüse auf verschiedenen Tellern anrichten. Jeden Dip auf vier Schälchen verteilen. Gemüsebrühe in einem Topf aufkochen, mit Sojasauce und Pfeffer würzen und in einen speziellen Feuertopf oder in einen normalen Topf für Fleischfondue füllen.
7. Tisch mit Eßschälchen und Stäbchen (oder Fonduegabeln) eindecken. An jeden Platz die beiden Dips stellen. Fleisch- und Gemüseteller sowie Nudelschälchen auf dem Tisch arrangieren. Topf mit der Brühe auf dem Rechaud in die Mitte stellen.
8. Zum Essen den Topf mit einer Portion Gemüse, Fleisch und Nudeln füllen. Jeder fischt mit Stäbchen oder Fonduegabel die gegarten Zutaten heraus und taucht sie in die Dips. Zum Schluß die Brühe auf die Eßschälchen verteilen. Feste Zutaten mit den Stäbchen essen, Brühe trinken.

Dazu: eventuell Brot und/oder Dips von Gemüsetempura (Rezept Seite 110).

Der Feuertopf wurde vor Jahrhunderten in der Mongolei erfunden – als man sich beim Essen auch noch die Hände und nicht nur den Magen wärmen mußte. Natürlich kümmerte man sich damals nicht um feine Dips, zartes Fleisch und exquisites Gemüse, sondern tat alles Eßbare in die brodelnde Brühe.

SPARERIBS MIT GURKENRELISH

Für 6 Portionen:

Spareribs:
2 Thymianzweige
2 Majoranzweige
einige Rosmarinblättchen
1 1/2 EL Senfpulver
Salz
Pfeffer
2 EL Maiskeimöl
2 kg Dicke Rippe vom Schwein
1 kleine Zwiebel
1 Knoblauchzehe
150 ml Geflügelfond
2 EL Tomatenmark
1 EL Honig
1/2 TL Worcestersauce
1 EL milder Essig
Gurken-Relish:
100 g Zucker
1 EL Wasser
2 Gewürzgurken
je 1 kleine rote und gelbe Paprikaschote
1 rote Pfefferschote
1 kleine Zwiebel
1/2 Bund Schnittlauch
1/2 Bund Petersilie
4 Tomaten
2 EL Dijon-Senf
Salz
Pfeffer
4 EL Öl

Pro Portion 858 Kalorien
Zubereitung: 2 Stunden

1. Thymian- und Majoranblättchen abzupfen und mit dem Rosmarin fein hacken. In einem Schälchen mit dem Senfpulver, Salz, reichlich Pfeffer aus der Mühle und dem Öl verrühren. Fleisch damit rundherum einreiben und in einen Bräter legen. Mit dem Rost auf die untere Schiene des kalten Backofens schieben. Ofen auf 180 Grad (Umluft 160 Grad, Gas Stufe 3) schalten. Fleisch 1 Stunde braten.
2. Inzwischen Zwiebel und Knoblauch fein hacken. Mit Geflügelfond, Tomatenmark, Honig, Worcestersauce und Essig in einem Topf mischen. Bei starker Hitze unter ständigem Rühren etwa 5 Minuten kochen, bis die Mischung dickflüssig ist. Zum Glasieren der Rippe beiseite stellen.
3. Für das Relish Zucker mit Wasser in einem Topf aufkochen. Bei starker bis mittlerer Hitze unter ständigem Rühren schmelzen lassen. Etwa 1 Minute kochen lassen. Von der Kochstelle nehmen und in eine Schüssel geben.
4. Gurken und geputzte Paprikaschoten in kleine Würfel schneiden. Entkernte Pfefferschote, geschälte Zwiebel, Schnittlauch und Petersilie sehr fein hacken. Tomaten häuten und ebenfalls klein würfeln, dabei Stielansätze und Kerne entfernen.
5. Alle diese zerkleinerten Zutaten mit dem geschmolzenen Zucker, Senf, Salz, Pfeffer aus der Mühle und Öl verrühren. Relish bis zum Servieren zugedeckt kühlen.
6. Rippe nach 1 Stunde Bratzeit mit der Glasur und dem Fett, das sich im Bräter gesammelt hat, bestreichen. Fleisch weitere 30 bis 45 Minuten braten, bis es weich ist und beim Anstechen mit einer Stricknadel nur noch klarer Saft austritt. Während dieser restlichen Bratzeit etwa alle 10 Minuten mit Glasur und dem Fond bestreichen, der sich im Bräter sammelt.
7. Fleisch in dünnen Scheiben vom Knochen schneiden und mit dem Gurken-Relish servieren.

Dazu: Reis oder Brot.

Lange bevor man in den USA sein Barbecue grillte, schätzte man in China die Dicke Rippe vom Schwein – mit würzig-pikanter Sauce zum Eintunken. Schneiden Sie den Braten am besten gleich in der Küche auf, damit Sie die dünnen Scheiben mit Stäbchen essen können – auf die feine chinesische Art.

Gebratener Reis mit Rindfleisch

Gebratener Reis gelingt mit Langkornreis am besten. Denn diese Sorte bleibt beim Kochen fest und körnig, weil sie relativ wenig Flüssigkeit aufnimmt. Mit Rund- oder Mittelkorn dagegen könnte der Reis in der Pfanne matschig werden.
Eine besonders feine Langkorn-Sorte mit typischem Duft und aromatischem Geschmack ist indischer Basmati-Reis. Er ist auch bei uns leicht zu bekommen: in gut sortierten Supermärkten, Feinkostgeschäften und natürlich in Asienläden.

Für 3 Portionen

300 g Rindfleisch (Hüfte)
1 kleine Knoblauchzehe
1 TL scharfer Senf
2 EL Erdnußöl
100 g Kenia- oder Buschbohnen
1 kleiner Maiskolben
1 mittelgroße Möhre
50 g Knollensellerie
2 Eier
1/2 Handvoll Koriander- oder Petersilienblätter
Salz
4 EL Maiskeimöl
300 g gekochter Basmatireis
Cayennepfeffer
2-3 EL Sojasauce

Pro Portion 400 Kalorien
Zubereitung: 1 Stunde
Marinierzeit: 1 Tag

1. Das Fleisch von Sehnen und Häuten befreien, quer zur Faser zuerst in dünne Scheiben, dann in feine Streifen schneiden.
2. Fein gehackten Knoblauch mit Senf und Erdnußöl verrühren. Das Fleisch damit mischen und zugedeckt im Kühlschrank 1 Tag marinieren.
3. Die Bohnen waschen und putzen. Maiskolben von den Hüllblättern und weißen Fäden befreien. Kolben aufrecht auf ein Brett stellen, an der Spitze festhalten und die Körner mit einem scharfen Messer rundherum abschneiden. Möhre und Sellerie schälen und in dünne Stifte schneiden. Eier verquirlen. Kräuter fein hakken.
4. In einer Pfanne 1 Eßlöffel Öl bei mittlerer Hitze heiß werden lassen. Die Eier hineingießen, mit den Kräutern bestreuen und mit Salz würzen. Das Omelett zugedeckt bei schwacher Hitze etwa 2 Minuten braten, bis es an der Oberseite gestockt ist und sich vom Pfannenboden löst. Herausnehmen, in feine Streifen schneiden und auf einem Teller zugedeckt warm halten.
5. In der Pfanne oder im Wok 1 Eßlöffel Öl erhitzen. Das Fleisch darin bei starker Hitze unter ständigem Wenden braten, bis es leicht gebräunt ist. Herausnehmen und auf einem Teller beiseite stellen.
6. Den Rest des Öls in der Pfanne erhitzen. Die Bohnen darin bei mittlerer Hitze unter Rühren 4 Minuten braten. Mais, Möhren und Sellerie zugeben und 1 Minute braten.
7. Reis zugeben und alles noch etwa 4 Minuten braten, bis das Gemüse bißfest ist. Dabei häufig wenden. Mit Salz, Sojasauce und Cayennepfeffer abschmecken.
8. Fleisch zum Reis geben, alles vorsichtig mischen und auf heißen Tellern anrichten. Die Omelettstreifen über dem gebratenen Reis verteilen.

Keniabohnen sind klein, stricknadeldünn, besonders zart und deshalb so rasch gar, daß sie beim Pfannenrühren schön grün bleiben. Damit auch normale grüne Bohnen mit etwa 15 Minuten Garzeit die Farbe behalten, sollten sie vor dem Pfannenrühren blanchiert werden: In einem Topf reichlich Wasser aufkochen, die Bohnen zugeben und etwa 6 Minuten sprudelnd kochen lassen. Abgießen und in einer Schüssel mit kaltem Wasser und einigen Eiswürfeln abschrecken. Nun wie oben beschrieben zuerst solo, dann mit dem anderen Gemüse und dem Reis braten.

Indonesischer Gelber Reis

Für 4 Portionen

Reis:
140 g thailändischer Duftreis oder anderer Langkornreis
1/4 l Wasser
1 EL Öl
1 TL gemahlene Gelbwurz
Salz
Röstzwiebeln:
1 große Zwiebel
2 EL Mehl
100 ml Erdnußöl
Omeletts:
4 Eier
Salz
weißer Pfeffer
Gemüse:
1 große Salatgurke
1 kleiner Zucchino
1/2 grüne Paprikaschote
4 Radieschen
1 Schalotte
2 Knoblauchzehen
2 EL Maiskeimöl
2 EL Kokoscreme (Dose)
weißer Pfeffer

Pro Portion 460 Kalorien
Zubereitung: 1 1/4 Stunden

1. Reis im Wasser 30 Minuten einweichen. Abgießen, abtropfen lassen, das Wasser jedoch auffangen. Öl in einem Topf erhitzen. Gelbwurz darin unter Rühren einige Sekunden anbraten. Reis zugeben, kurz mitrösten. Wasser dazugießen. Reis mit Salz würzen, bei mittlerer Hitze langsam zum Kochen bringen und zugedeckt bei schwächster Hitze in etwa 20 Minuten körnig weich garen. Mit einem Küchentuch zwischen Topf und Deckel gut zugedeckt warm halten.
2. Zwiebel schälen, in dünne Ringe schneiden und in Mehl wenden. Das Öl in einer Pfanne erhitzen. Zwiebelringe darin bei mittlerer bis schwacher Hitze in etwa 2 Minuten knusprig ausbacken. Herausnehmen und auf Küchenpapier abtropfen lassen. Das Öl bis auf einen dünnen Film aus der Pfanne in ein Schälchen gießen.
3. Eier mit Salz und Pfeffer aus der Mühle mit einer Gabel verquirlen, bis sich Eiweiß und Eigelb gleichmäßig miteinander verbunden haben.
Die Hälfte davon in die Pfanne geben und zugedeckt bei schwacher Hitze etwa 2 Minuten braten, bis es gestockt ist und sich vom Pfannenboden löst. Herausnehmen. Etwas Erdnußöl aus dem Schälchen in die Pfanne geben. Das zweite Omelett darin braten. Omeletts in dünne Streifen schneiden.
4. Salatgurke schälen, zweimal quer halbieren. Stücke der Länge nach vierteln, Kerne herausschneiden. Gurken und geputzten Zucchino in etwa fingerbreite Würfel schneiden. Paprikaschote in Streifen schneiden. Radieschen zuerst in Scheiben, dann in dünne Stifte teilen. Schalotte und Knoblauch hacken.
5. Maiskeimöl in einer Pfanne erhitzen. Schalotte und Knoblauch darin bei schwacher Hitze unter Rühren glasig braten. Gurke, Zucchino und Paprikaschote zugeben und bei starker bis mittlerer Hitze unter Rühren 2 Minuten braten. Radieschen und Kokoscreme zufügen und unter Rühren aufkochen. Mit Salz und Pfeffer aus der Mühle abschmecken.
6. Reis und alle anderen Zutaten in verschiedenen heißen Schüsseln anrichten. Beim Essen mischt sich jeder nach eigenem Wunsch.

Gelber Reis ist in Indonesien Bestandteil der festlichen Reistafel. Außer Röstzwiebeln, Omelett und rohem Gemüse ißt man dazu geröstete Kokosflocken, Fisch und Fleisch – und zwar gebraten, also ohne Sauce.

REISFRIKADELLEN MIT LINSENSALAT

Für 4 Portionen

250 g Klebereis
1 l Wasser
125 g Linsen
Salz
200 g rote Beten
3 Knoblauchzehen
1 rote Zwiebel
1/8 l Geflügelfond
weißer Pfeffer
1 EL Erdnußöl
100 g Brokkoli
1 kleine Zwiebel
4 EL Maiskeimöl
1/2 TL Chilipaste (Sambal oelek)
2 Eier

Pro Portion 538 Kalorien
Zubereitung: 2 1/4 Stunden
Quellzeit: 9 Stunden

1. Klebereis im Wasser zugedeckt etwa 9 Stunden quellen lassen. Über einem Topf in ein Sieb abgießen. Eine Tasse als Stütze für das Bambuskörbchen umgedreht in den Topf stellen.

2. Bambuskörbchen mit einem Küchentuch auslegen. Den abgetropften Reis darin in einer gleichmäßig dicken Schicht verteilen. Den Bambusdeckel auf das Körbchen legen, das Küchentuch darüber zusammenfalten. Den Deckel auf den Topf legen und beschweren, damit der Topf beim Dämpfen wirklich dicht schließt. Das Wasser bei starker Hitze zum Kochen bringen, bis sich Dampf bildet. Den Reis nun bei schwächster Hitze 1 Stunde dämpfen. Lauwarm abkühlen lassen.

3. Während der Reis gart, Linsen mit dem restlichen Wasser und Salz in einem Topf aufkochen und zugedeckt bei schwacher Hitze in etwa 45 Minuten garen.

4. Rote Beten schälen und zuerst in Scheiben, dann in Streifen schneiden. 1 geschälte Knoblauchzehe hacken. Rote Zwiebel schälen, halbieren und in Streifen schneiden. Rote Beten mit Geflügelfond aufkochen und zugedeckt bei schwacher Hitze 10 Minuten garen. Gehackten Knoblauch und Zwiebelstreifen zugeben und weitere 3 Minuten kochen lassen.

5. Alles mit den Linsen, Essig, Pfeffer aus der Mühle und Erdnußöl mischen und zugedeckt bei Zimmertemperatur ziehen lassen, bis die Frikadellen gebraten sind.

6. Brokkoli putzen und ganz fein zerkleinern. Restlichen Knoblauch und Zwiebel fein hacken. 1 Eßlöffel Maiskeimöl in einer Pfanne erhitzen. Die zerkleinerten Zutaten darin bei mittlerer Hitze unter Rühren etwa 1 Minute braten. Mit dem Reis vermischen.

7. Eier, Chilipaste, eine kräftige Prise Salz und Pfeffer aus der Mühle unter den Reis mischen.

8. Maiskeimöl in der Pfanne erhitzen. Reisteig mit einem Eßlöffel als Frikadellen hineinsetzen und bei mittlerer bis schwacher Hitze etwa 5 Minuten braten, bis sie sich vom Pfannenboden lösen und auf der Unterseite gebräunt sind. Wenden und in etwa 3 Minuten fertig braten. Zum Linsensalat servieren.

Genauso gut schmecken die Frikadellen mit Langkorn- oder mit italienischem Risottoreis. Beide Sorten nicht wie im Rezept beschrieben dämpfen – dabei bleiben die Körner hart, sondern wie gewohnt in der doppelten Wassermenge ausquellen lassen. Vor dem Backen kann man die Reisfrikadellen auch in Kokosflocken wenden.

WÜRZIGE REISNUDELN MIT FLEISCH

Reisnudeln bekommen Sie inzwischen fast überall: natürlich in Asien- und Feinkostläden, aber auch in gutsortierten Supermärkten, Lebensmittelabteilungen großer Kaufhäuser und in manchen Naturkostläden. Es gibt – genau wie bei anderen Nudeln – unterschiedliche Formen zu kaufen, etwa Band- oder Suppennudeln, »Spaghetti« oder dünne Fäden. Breite Reisnudeln sind etwa so brüchig-spröde wie normale Weizennudeln und lassen sich gut auseinanderbrechen. Dünne Fadenreisnudeln dagegen fühlen sich an wie Draht und – springen beim Zerkleinern munter in der ganzen Küche umher. Deshalb zum Durchbrechen am besten in der Packung lassen und mit einer Hand außen fassen. Mit der anderen Hand in die Packung greifen und jeweils einige Nudeln abbrechen und herausnehmen.
Andere Möglichkeit: gegarte, also bereits weiche Reisnudeln mit einer Küchenschere schneiden.

Für 4 Portionen

250 g Schweineschulter
4 Knoblauchzehen
3 EL Reisessig
Salz
weißer Pfeffer
100 g Reisnudeln
1/8 l Maiskeimöl zum Fritieren
1 grüne Paprikaschote
100 g frische Ananas
100 g Shiitake-Pilze
1 Frühlingszwiebel
1 TL Sellerie- oder Petersilienblätter
4 EL Erdnußöl
4 EL Sojasauce
1 EL Honig

Pro Portion 481 Kalorien
Zubereitung: 1 Stunde

1. Fleisch vom Fett befreien und zuerst in knapp fingerdicke Scheiben, dann in feine Streifen schneiden. Knoblauch hacken. Die Hälfte davon mit Fleisch, Essig, einer kräftigen Prise Salz und Pfeffer aus der Mühle in einer Schüssel vermischen. Fleisch ziehen lassen, bis die anderen Zutaten vorbereitet sind.
2. Nudeln in Stücke brechen (siehe links). Maiskeimöl in einem Topf erhitzen. Nudeln in drei Portionen darin jeweils etwa 3 Minuten fritieren, bis sie knusprig sind. Mit einem Schaumlöffel herausnehmen und auf Küchenpapier abtropfen lassen.
3. Paprikaschote halbieren, vom Stiel und allen Kernen befreien, waschen, trockentupfen und in kleine Würfel schneiden. Schale der Ananas so abschneiden, daß Sie auch die »Warzen« mit entfernen. Fruchtfleisch würfeln. Pilzhüte von den zähen Stielen trennen und ebenfalls würfeln. Frühlingszwiebel vom Wurzelansatz und den welken äußeren Blättern befreien, waschen und in feine Ringe schneiden. Sellerie- oder Petersilienblätter hacken.
4. Die Hälfte des Erdnußöls in einer Pfanne oder im Wok erhitzen. Das Fleisch darin bei starker Hitze unter Rühren anbraten, bis es sich grau färbt. Herausnehmen.
5. Den Rest des Öls ebenfalls erhitzen. Paprikaschoten, Pilze und Frühlingszwiebeln darin bei starker bis mittlerer Hitze unter Rühren etwa 3 Minuten braten. Sojasauce und Honig untermischen. Fleisch, Rest des Knoblauchs, Ananas, Selleriebläättchen und fritierte Reisnudeln – bis auf 3 Eßlöffel – untermischen und unter Rühren erhitzen. Mit Salz und Pfeffer abschmecken und mit den restlichen Reisnudeln bestreut sofort servieren.

Knollensellerie, heute eines der wichtigsten Wintergemüse, züchtet man erst seit dem 16. Jahrhundert. Blättchen und Samen von wildem Sellerie dagegen sind uralte Speisewürze – vermutlich schon vor der Zeitenwende in Chinesischen und Ägyptischen Küchen, in Griechenland und Rom. Manchmal bekommen Sie im Gemüsehandel frischen Schnittsellerie, der noch am meisten der Wildform gleicht. Doch Sie können natürlich genauso gut die Blättchen von Stangen- oder Knollensellerie nehmen.

GEBRATENER REIS MIT KRABBEN

Ein tofu-ähnliches Lebensmittel aus Sojabohnen. Yuba, wie es die Japaner nennen, ist die feste Schicht auf Sojamilch, die abgenommen, wie ein Eierkuchen gerollt und getrocknet wird. Sie können Yuba bei uns in guten Asienrestaurants als Bestandteil vegetarischer Gerichte kosten. Es ist bißfest, fast ein wenig zäh und schmeckt – genau wie Tofu – so neutral, daß es sich hervorragend mit dem Aroma von Gewürzen verbindet. Wer vegetarisch essen will, verwendet Yuba im Rezept rechts anstelle von Krabben. Sie bekommen Yuba in Asienläden.

Für 3 Portionen

200 g grüne Bohnen
Salz
1 Knoblauchzehe
1 Avocado
1 EL Zitronensaft
1 EL Petersilienblättchen
3 EL Maiskeimöl
50 g Cashewnußkerne
300 g gekochter Basmati- oder anderer Langkornreis
200 g Krabben
1 EL Sojasauce
Cayennepfeffer

Pro Portion 640 Kalorien
Zubereitung: 40 Minuten

1. Bohnen waschen, putzen und in etwa 5 cm lange Stücke schneiden. In reichlich sprudelnd kochendem Salzwasser 5 Minuten bei starker Hitze kochen.
2. Inzwischen eine Schüssel mit Wasser und einigen Eiswürfeln füllen. Bohnen abgießen und einige Sekunden in die Schüssel mit Eiswasser geben, damit sie ihre schöne Farbe behalten. Erneut abgießen und gut abtropfen lassen.
3. Knoblauch hacken. Avocado halbieren, Kern entfernen, Hälften schälen, würfeln und mit dem Zitronensaft vermischen, damit sich das Fruchtfleisch nicht verfärbt. Petersilie hacken.
4. Öl in einer tiefen Pfanne oder im Wok erhitzen. Nüsse darin bei mittlerer Hitze goldgelb rösten.
5. Bohnen und Knoblauch zugeben und bei mittlerer Hitze unter Rühren etwa 3 Minuten braten.
6. Reis 2 Minuten bei starker Hitze mitbraten. Avocado, Krabben, Petersilie und Sojasauce untermischen und alles erhitzen. Mit Salz und Cayennepfeffer abschmecken und sofort servieren.

Kokosreis mit Shiitake-Pilzen

Für 4 Portionen

1 Zwiebel
6 EL Maiskeimöl
240 g Rundkornreis
350 g Kokoscreme
1/2 l Geflügelfond
je 2 EL Mango-, Ananas- und Honigmelonenwürfel
2 EL Currypulver
1/2 TL Ingwerpulver
300 ml Geflügelbrühe
1 TL Zitronensaft
200 g Shiitake-Pilze
1 EL helle Sojasauce
1 EL Kokosflocken
Zitronensaft
Salz, weißer Pfeffer

Pro Portion 654 Kalorien
Zubereitung: 1 1/4 Stunden

1. Zwiebel hacken. Etwa die Hälfte davon in 1 Eßlöffel Öl glasig braten. Reis und 1/3 der Kokoscreme untermischen. Die Hälfte des Fonds zugießen und aufkochen. Reis zugedeckt bei schwacher Hitze in etwa 20 Minuten garen, dabei nach und nach den restlichen Fond zugießen.
2. Rest der Zwiebel in 1 weiteren Eßlöffel Öl glasig braten. Obst, Curry- und Ingwerpulver, Geflügelbrühe und restliche Kokoscreme zugeben und aufkochen. Zugedeckt bei schwacher Hitze 5 Minuten garen. Sauce pürieren und durch ein Sieb streichen. Wieder erhitzen, mit Zitronensaft, Salz und Pfeffer aus der Mühle abschmecken.
3. Pilzhüte in Streifen schneiden und im restlichen Öl bei starker bis mittlerer Hitze unter ständigem Wenden etwa 4 Minuten rösten. Mit Sojasauce, Salz und Pfeffer würzen.
4. Kokosflocken hellgelb rösten, Reis damit mischen und mit Salz und Pfeffer abschmecken. Auf Tellern verteilen, Sauce und Pilze zugeben.

Fond (links) ist eine konzentrierte Brühe, die man häufig in der feinen Küche braucht. Es gibt Geflügel-, Rinder-, Fisch- und Lammfond fertig zu kaufen.
Zum Selbermachen: Die Brühe (rechts) im offenen Topf bei mittlerer Hitze einkochen lassen, bis nur noch etwa 1/3 der ursprünglichen Menge übrig ist. In Portionen von etwa 100 ml einfrieren.

Gefüllte Ananas

Zum Aushöhlen der Ananas das Fruchtfleisch zuerst mit einem spitzen, scharfen Messer längs in drei Segmente schneiden. Nun das Fleisch rundherum von der Schale schneiden, dabei einen etwa fingerbreiten Rand lassen, damit die Schale intakt bleibt und Sie die Hälften noch gut füllen können.

Für 4 Portionen

3 Stengel Zitronengras
(oder 2 EL Zitronensaft)
1/2 l Wasser
1 kleine Knoblauchzehe
1/4 Bund Bärlauch (oder das Grün von 3 Frühlingszwiebeln)
200 g eingelegte, geschälte Krabben
200 g Langkornreis
Salz
1 rote Paprikaschote
1 grüne Paprikaschote
1 gelbe Paprikaschote
1 grüne Pfefferschote
2 Ananas
1 EL Sesamöl

Pro Portion 429 Kalorien
Zubereitung: 1 Stunde

1. Zitronengras in etwa 1 cm lange Stücke schneiden. Mit 100 ccm Wasser aufkochen und etwa 2 Minuten kochen lassen. Abgießen, den Sud auffangen, Zitronengras wegwerfen. Sud abkühlen lassen.
2. Knoblauch und Bärlauch hacken. Beide Zutaten und die Krabben unter den Zitronensud mischen. Krabben darin marinieren, bis alle anderen Zutaten vorbereitet sind.
3. Reis mit dem restlichen Wasser und Salz aufkochen und zugedeckt bei schwächster Hitze in etwa 20 Minuten körnig garen.
4. Paprikaschoten und Pfefferschote von den Stielansätzen und allen Kernen befreien. Paprikaschote in kleine Würfel, Pfefferschote in feine Streifen schneiden.
5. Ananas der Länge nach halbieren. Zum Aushöhlen das Fruchtfleisch zuerst mit einem spitzen, scharfen Messer längs in drei Segmente schneiden. Nun das Fleisch rundherum von der Schale schneiden, dabei einen etwa fingerbreiten Rand lassen. Das Ananasfleisch würfeln.
6. Backofen auf 180 Grad (Umluft 160 Grad, Gas Stufe 2) vorheizen.
7. Öl in einer Pfanne oder im Wok erhitzen. Paprikaschoten und Pfefferschote darin bei starker Hitze unter Rühren anbraten. Ananaswürfel und Krabben mit der Marinierflüssigkeit zugeben und unter weiterem Rühren etwa 1 Minute braten. Alles mit dem Reis vermischen und wieder in die Ananasschalen füllen.
8. Die Ananas auf ein Backblech legen und im heißen Backofen etwa 5 Minuten ziehen lassen.

Auch geübten asiatischen Hausfrauen klebt beim Reiskochen die unterste Schicht oft an. Diese knusprigen Reiskrusten wirft man natürlich nicht weg, sondern verwertet sie – ähnlich wie bei uns altbackenes Brot. Aus den Krusten haben sich im Laufe der Zeit richtige Reiskuchen entwickelt, die Sie in verschiedenen Formen kaufen können: einmal als gepreßten Reis, der industriell hergestellt und bei uns in Asienläden angeboten wird. Mochi, japanischen Reiskuchen, bekommen Sie vakuumverpackt auch in manchen Naturkostläden. Man ißt Reiskuchen in Fett gebraten oder fritiert als Beilage.

Safranreis mit Krabbenplätzchen

Safran, ein krokusartiges Zwiebelgewächs, liefert das teuerste Gewürz der Welt: die aromatischen Staubgefäße im Innern der Blüte. Die Schätzungen, wie viele davon für ein Pfund Safran nötig sind, schwanken zwischen 20.000 und 200.000 – offenbar hat sie noch niemand gezählt. Wichtig beim Kochen: Safranfäden oder Pulver immer in warmer Brühe, Wasser, Milch oder in zerlassener Butter verrühren und dann erst unter die Speisen mischen. Sonst lösen sie sich nicht richtig auf. Übrigens schmecken Safranfäden aromatischer als Pulver und halten das Aroma auch länger. Safran war immer unerhört kostbar. Deshalb standen früher auf Pantscherei drakonische Strafen: Wer echten Safran mit Ringelblumenblüten und Sägespänen »streckte«, kam auf den Scheiterhaufen oder wurde lebendig begraben.

Für 4 Portionen

Krabbenplätzchen:
200 g Krabben
2 Knoblauchzehen
2 Dillzweige
1/4 Frühlingszwiebel
1 Ei
1 Eigelb
Salz
weißer Pfefer
Muskat
4 EL Maiskeimöl zum Braten
Safranreis:
1 Knoblauchzehe
2 EL Maiskeimöl
120 g Rundkornreis
1/4 TL Safranfäden
375 ml Geflügelbrühe
Salz
Cayennepfeffer
1 Handvoll Kerbel- oder Petersilienblättchen zum Garnieren

Pro Portion 358 Kalorien
Zubereitung: 1 Stunde

1. Krabben und geschälten Knoblauch getrennt fein hacken. Dillblättchen abzupfen und ebenfalls hacken. Frühlingszwiebel von Wurzelansatz und welken Blättern befreien, längs halbieren, waschen und mit einem scharfen kleinen Messer oder einem großen Kochmesser sehr fein zerkleinern.
2. Krabben, Knoblauch, Dill, Frühlingszwiebel, Ei, Eigelb, Salz, Pfeffer aus der Mühle und frisch geriebene Muskatnuß vermischen.
3. Für den Reis Knoblauch schälen und hacken. Öl erhitzen. Knoblauch darin bei schwacher Hitze unter Rühren glasig braten. Reis und Safran zugeben und kurz mitbraten. Brühe unter Rühren zugießen. Einmal aufkochen und den Reis zugedeckt in etwa 20 Minuten weich garen.
4. Inzwischen für die Krabbenplätzchen das Maiskeimöl in einer Pfanne erhitzen. Aus dem Krabbenteig mit einem Eßlöffel Plätzchen von etwa 4 cm Durchmesser in das Öl geben. Bei schwacher Hitze etwa 4 Minuten braten, dabei einmal wenden. Gebratene Plätzchen bei 50 Grad im Backofen warm halten.
5. Den Reis mit Salz und Cayennepfeffer abschmecken, auf vorgewärmten Tellern verteilen und mit den Krabbenplätzchen belegen. Die Kräuterblättchen waschen, trockentupfen, hacken und darüberstreuen.

Ob Reis wirklich gar ist, prüfen Sie so: ein Korn rauspicken und zwischen den Fingern zerdrükken – es muß weich nachgeben und darf keinen harten Kern mehr in der Mitte haben. Lassen Sie den Reis jetzt nicht mehr im Topf: übergarte Reiskörner platzen auf und formen ein X. Das kann übrigens auch bei Reissuppen oder sämigen Eintöpfen passieren, die nicht gleich serviert werden. Denn Reis quillt so lange weiter, bis er alle Flüssigkeit aufgesogen hat. Deshalb lieber nicht warm halten, sondern sofort anrichten. Oder Reis für Suppe extra kochen und erst bei Tisch in die Brühe geben.

VOLLKORNBLINIS MIT GEMÜSE

Für 4 Portionen:

Blinis:
1/8 l Milch
20 g Hefe
175 g Weizenvollkornmehl
50 g fein gemahlener Dinkel
4 Eier
1/2 TL Salz
80 g Sonnenblumenkerne
5 EL Maiskeimöl zum Backen
Sauce:
1/2 Bund Schnittlauch
1 TL Zitronensaft
100 g Joghurt
Salz, weißer Pfeffer
2 große Tomaten
Gemüse:
2 dünne Stangen Porree
1 mittelgroßer Zucchino
100 g Knollensellerie
2 Möhren
150 g Salatgurke
4 Tomaten
100 g Keniabohnen
100 g Zuckerschoten
2 Knoblauchzehen
1 Stück Ingwerwurzel
4 EL Sesamöl zum Braten
Salz, Pfeffer
2 EL Sesamsamen

Pro Portion 640 Kalorien
Zubereitung: 2 Stunden

1. Für die Blinis zimmerwarme Milch, zerbröckelte Hefe und 3 Eßlöffel Weizenvollkornmehl in einer Schüssel verrühren, bis sich die Hefe aufgelöst hat. Diesen Vorteig zugedeckt bei Zimmertemperatur 15 Minuten gehen lassen.
2. Inzwischen restliches Weizenmehl mit gemahlenem Dinkel vermischen und sieben.
3. Vorteig mit Mehlmischung, zimmerwarmen Eiern und Salz vermischen. Mit den Knethaken des Handrührgerätes durchrühren, bis der Teig Blasen bildet. Zugedeckt an einem warmen Platz etwa 30 Minuten gehen lassen, bis sich das Volumen des Teiges verdoppelt hat.
4. Währenddessen für die Sauce Schnittlauch in Röllchen schneiden. Mit Zitronensaft, Joghurt, Salz und Pfeffer mischen. Tomaten häuten, quer halbieren, Kerne entfernen. Tomatenhälften mit der Sauce füllen und zugedeckt beiseite stellen.
5. Für das Gemüse Porree in etwa fingerbreite Stücke, Zucchino, Sellerie und Möhren in bleistiftdicke Stifte schneiden. Gurke von den Kernen befreien und in Scheiben schneiden. Tomaten häuten und in Streifen schneiden. Dabei Stielansätze und Kerne entfernen. Keniabohnen und Zuckerschoten ganz lassen. Geschälten Knoblauch und Ingwer hacken. Alles auf verschiedenen Tellern bereitstellen.
6. Für die Blinis Öl in einer großen Pfanne erhitzen. Teig mit einem Eßlöffel in die Pfanne geben und bei schwacher Hitze etwa 2 Minuten backen, bis sie sichtbar aufgegangen sind und sich an den Rändern braun färben. Wenden und auf der zweiten Seite weitere 2 Minuten backen. Bei 50 Grad im Backofen warm halten.
7. Die Hälfte des Sesamöls im Wok erhitzen. Porree, Sellerie, Möhren und Keniabohnen darin bei starker Hitze unter ständigem Wenden etwa 2 Minuten braten. Herausnehmen und in einer Schüssel ebenfalls in den Backofen stellen.
8. Rest des Öls erhitzen. Zucchinistifte, Gurken, Zuckerschoten, Tomaten, Knoblauch und Ingwer darin bei starker Hitze unter Rühren 2 Minuten braten.
9. Warm gehaltenes Gemüse wieder untermischen. Mit Salz und Pfeffer aus der Mühle abschmecken und in einer heißen Schüssel anrichten. Sesam rösten und über die Blinis streuen. Tomaten mit Sauce dazu servieren.

EIERKUCHENROLLEN MIT GEMÜSE

Für 4 Portionen

Teig:
100 g Mehl
Salz
4 Eier
2 EL Sojasauce
4 EL kaltes Wasser
Gemüse:
1 Aubergine (ca. 200 g)
1 Zucchino (ca. 150 g)
1 kleine Zwiebel
2 Knoblauchzehen
1 rote Paprikaschote (ca. 150 g)
1 gelbe Paprikaschote (ca. 150 g)
2 Tomaten (ca. 200 g)
6 EL Öl
1/2 TL Tomatenmark
1/2 Bund Basilikum
Salz
schwarzer Pfeffer
1 Eigelb zum Bestreichen
1 l Maiskeimöl zum Fritieren

Pro Portion 527 Kalorien
Zubereitung: 1 1/4 Stunden

1. Mehl, 1 Prise Salz, Eier, Sojasauce und Wasser zu einem glatten Teig verrühren. Teig ruhen lassen, bis die Füllung zubereitet ist.
2. Aubergine und Zucchino waschen, von Stiel- und Blütenansatz befreien und in kleine Würfel schneiden. Zwiebel schälen, halbieren und in feine Streifen schneiden, Knoblauch hacken. Paprikaschoten der Länge nach vierteln, Stielansatz und Kerne entfernen. Schoten waschen, trockentupfen und ebenfalls würfeln. Tomaten häuten, vierteln, von den Kernen und den Stielansätzen befreien und in feine Streifen schneiden. Basilikum waschen und hacken.
3. In einer Pfanne 1 Eßlöffel Öl erhitzen. Zwiebeln und Knoblauch darin bei mittlerer Hitze glasig braten. Gemüse zugeben und bei starker Hitze unter Rühren etwa 2 Minuten schmoren.
4. Tomaten, Tomatenmark und Basilikum unterrühren, mit Salz und Pfeffer würzen. Gemüse aus der Pfanne nehmen und abkühlen lassen.
5. Die Pfanne auswaschen und ohne Öl wieder erhitzen, bis ein Wassertropfen, den Sie hineinspritzen, zischend verdampft. 1 Eßlöffel Öl in die Pfanne geben. Knapp 1/2 Schöpfkelle Teig hinzufügen, mit einem Holzspatel in der Pfanne verteilen und zugedeckt bei starker bis mittlerer Hitze etwa 2 Minuten backen, bis der Eierkuchen an der Oberfläche gestockt ist und die Ränder sich etwas nach oben biegen. Wenden und auf der zweiten Seite in etwa 1 Minute fertig backen.
6. Aus dem restlichen Teig 7 weitere Eierkuchen backen. Dabei immer wieder etwas Öl in die Pfanne geben.
7. Die lauwarm abgekühlten Eierkuchen nacheinander auf der Arbeitsfläche ausbreiten und mit Füllung belegen. Die Ränder rundherum mit Eigelb bestreichen.
8. Die Seiten rechts und links etwa 3 cm über die Füllung biegen. Jeden Eierkuchen aufrollen und etwas festdrükken, damit er beim Fritieren zusammenhält.
9. Öl zum Fritieren erhitzen. Die Eierkuchenrollen portionsweise darin jeweils etwa 5 Minuten ausbacken, bis sie knusprig sind. Vor dem Servieren auf Küchenpapier abtropfen lassen.

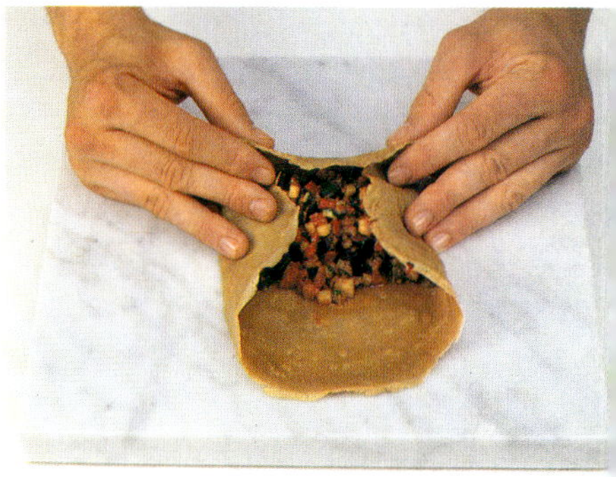

Statt der Eierkuchen kann man auch fertige, tiefgekühlte Hüllen für Frühlingsrollen verwenden (gibt es in Asienläden und gutsortierten Feinkost-Abteilungen).

Gemüse mit knusprigen Nudeln

Spinat wird entweder in einzelnen Blättern oder mit der ganzen Blattrosette geerntet – deshalb können Sie Blatt- oder Wurzelspinat kaufen: Beide Male dieselbe Sorte, nur unterschiedlich geerntet.
Treibhausspinat kommt nur von November bis April auf den Markt. Sonst gibt es Freilandspinat zu kaufen, der in der Regel weniger Nitrat enthält als Treibhausware. Denn Licht und Wärme bauen Nitrat ab, das in Pflanzen vorkommt. Nitrathaltige Gemüse wie Spinat, Kopfsalat, rote Beten, Kohlrabi, Radieschen, Rettich, Fenchel und Kresse können Sie übrigens auch bei der Zubereitung »entschärfen«, indem Sie Stiele und Blattrippen entfernen, Zitronensaft für Salatdressings verwenden und Gemüse nach Möglichkeit blanchieren, also mit kochendem Wasser übergießen und eiskalt abschrecken.

Für 2 Portionen

150 g breite Eiernudeln
Salz
6 EL Öl
100 g Shiitake-Pilze
2 rote Zwiebeln
200 g Wurzelspinat
200 g kleine Zucchini
2 Tomaten
1 Knoblauchzehe
1 EL Tomatensaft
2 EL trockener Rotwein
weißer Pfeffer

Pro Portion 668 Kalorien
Zubereitung: 35 Minuten

1. Nudeln in reichlich Salzwasser nur so lange kochen, bis sie beim Durchbeißen außen weich sind, innen aber noch einen harten Kern haben. Abgießen und abtropfen lassen. Mit 1 Eßlöffel Öl vermischt auf einer Platte ausbreiten.
2. Pilzhüte in Streifen schneiden. Zwiebeln schälen, halbieren und in feine Streifen schneiden. Spinat waschen und trockenschwenken, Zucchini in Stifte schneiden, Tomaten häuten und würfeln, Knoblauch hacken.
3. In einer Pfanne oder im Wok 1 Eßlöffel Öl erhitzen. Pilze und Zwiebeln darin bei starker bis mittlerer Hitze unter ständigem Rühren 1 Minute braten. Spinat, Zucchini, Tomaten und Knoblauch zugeben und alles bei starker Hitze 5 Minuten braten.
4. Tomatensaft und Rotwein untermischen. Gemüse mit Salz und Pfeffer würzen, aus der Pfanne nehmen und warm halten.
5. Pfanne säubern, restliches Öl darin erhitzen. Nudeln bei starker Hitze unter Wenden etwa 2 Minuten braten, bis sie knusprig sind. Mit dem Gemüse sofort servieren.

GEMISCHTE PILZE MIT STERNANIS

Für 2 Portionen

80 g Austernpilze
80 g Shiitake-Pilze
80 g Champignons
2 Schalotten
1 Knoblauchzehe
1 Sternanis
1/2 Handvoll Koriander- oder Petersilienblätter
4 EL Erdnußöl
1 EL helle Sojasauce
Salz
weißer Pfeffer

Pro Portion 260 Kalorien
Zubereitung: 30 Minuten

1. Stiele der Austern- und Shiitake-Pilze entfernen, Pilzhüte und Champignons in Scheiben schneiden. Schalotten in Ringe schneiden, Knoblauch hacken. Sternanis im Mörser zerdrücken. Korianderblätter hacken.
2. Öl in einer Pfanne oder im Wok erhitzen. Pilze darin bei starker bis mittlerer Hitze unter Rühren 3 Minuten braten. Schalotten und Knoblauch zugeben und einige Sekunden mitbraten.
3. Sojasauce, Anis und Korianderblätter untermischen. Pilze mit Salz und Pfeffer aus der Mühle abschmecken und auf heißen Tellern anrichten.

Dazu: Reisnudeln oder gebratene Nudeln und Salat.

Eventuell noch einige Korianderblätter wenige Sekunden lang in heißem Öl kroß fritieren und über die Pilze streuen.

Der Wok ist eine Kreuzung zwischen Pfanne und Topf. Vor Jahrhunderten zuerst für offene Feuerstellen, dann für Herde mit einem Feuerloch in China erfunden, ist der Wok zum Universal-Kochtopf Asiens geworden. Kein Wunder, denn man kann darin braten und fritieren, kochen und dämpfen. Woks für unsere modernen Herde mit leicht abgeflachtem Boden gibt es in verschiedenen Materialien zu kaufen.

GEMÜSETEMPURA

Minimais auf einem Markt in Thailand. Die Kölbchen von 8 bis 10 Zentimetern Länge mit cremefarbenen Körnern sind bestimmte Sorten von Zuckermais, den es seit etwa 150 Jahren gibt. Er schmeckt süß, weil der Zucker in den Körnern nur langsam in Stärke umgewandelt wird. Trotzdem nimmt der Zuckergehalt stetig ab, auch nach der Ernte. Deshalb sollten Sie Minimais wie auch große Maiskolben nicht lange aufbewahren.

Für 4 Portionen

Rettichdip:
50 g Rettich
1 Scheibe Ingwerwurzel
150 ml japanischer Reiswein (Sake)
2 EL helle Sojasauce
Sesamdip:
2 EL Sesampaste (Tahin)
1 EL Zucker
4 EL dunkle Sojasauce
1 EL süßer Reiswein (Mirin)
2 EL japanischer Reiswein (Sake)
3 EL Gemüsebrühe
Teig:
200 g eiskaltes Wasser
125 g Mehl
1 Ei
1 TL Salz
außerdem:
je 200 g verschiedenes Gemüse, je nach Marktangebot
zum Beispiel Minimais, Paprikaschoten und Zucchini
Shiitake- und Austernpilze
Blumenkohl- und Brokkoliröschen
Spargelköpfe
Keniabohnen
100 g Mehl
1/2 l Maiskeimöl zum Fritieren

Pro Portion 495 Kalorien
Zubereitung: 2 Stunden

1. Für den ersten Dip Rettich und Ingwerknolle schälen und fein raspeln oder hacken. Mit dem Reiswein und der hellen Sojasauce vermischen und in vier kleine Schälchen füllen.
2. Für den zweiten Dip die Sesampaste mit allen anderen Zutaten verrühren und ebenfalls auf vier Schälchen verteilen.
3. Für den Teig das Wasser in eine Schüssel geben. Das Mehl auf das Wasser sieben und mit den Quirlen des Handrührgerätes verrühren, bis der Teig ganz glatt ist. Ei und Salz untermischen. Teig zugedeckt in den Kühlschrank stellen, bis das Gemüse vorbereitet ist.
4. Gemüse putzen, waschen oder schälen und zerkleinern: Größere Maiskölbchen längs halbieren, Paprikaschoten in Streifen, Zucchini in Scheiben schneiden. Pilzhüte in fingerbreite Streifen schneiden. Größere Blumenkohl- und Brokkoliröschen halbieren.
5. Mehl auf einem Teller bereitstellen. Öl zum Fritieren in einem Topf erhitzen.
6. Das Gemüse portionsweise im Mehl und dann im Teig wenden und fritieren, bis es eine zarte gelbe Kruste hat. Jeweils herausnehmen und auf Küchenpapier abtropfen lassen.
7. Eine große Platte mit Servietten auslegen, gebackenes Gemüse darauf anrichten und mit den Dips servieren. Zum Essen die Gemüsehäppchen in die Dips tauchen.

Die Idee stammt von portugiesischen Diplomaten und Missionaren, die im 16. Jahrhundert nach Japan kamen: Fisch und Meeresfrüchte in Teig tauchen und ausbacken. Das simple Gericht haben die Japaner dann zu Tempura verfeinert: kroß fritierte Leckerbissen von verschiedenen Fischen und Gemüse, Lotoswurzeln und Kräuterblättern. Tempura wird in der Küche gebacken und so rasch aufgetragen, daß die Happen noch heiß und knusprig sind. Andere Möglichkeit: Tempura wie Fondue gemeinsam mit Ihren Gästen am Tisch zubereiten. Das ist zwar nicht original japanisch, macht aber allen viel Spaß und Ihnen weniger Mühe.

GEMÜSECURRY MIT KOKOSCREME

Kokoscreme entsteht aus geriebenem Kokosfleisch, das mit Milch oder Wasser vermischt und ausgepreßt wird. Den Extrakt, der dabei abfließt, gibt es in Dosen oder im Block. Kokoscreme im Block brauchen Sie nicht zu verdünnen; sie wird bei Zimmertemperatur weich. Sie bekommen Kokosprodukte in Asienläden (manchmal unter der indonesischen Bezeichnung »santen«), Feinkostgeschäften, und einigen Supermärkten. Frisch geraspelte Kokosflocken (rechts) streut man über Currygerichte, um die brennende Schärfe der Chillies zu mildern.

Für 2 Portionen

200 g Petersilienwurzeln
200 g Champignons
2 kleine Zucchini
100 g Zuckerschoten
3 Tomaten
2 Schalotten
1 Knoblauchzehe
1 rote Pfefferschote
1 1/2 EL Sesamöl
1 1/2 TL Currypulver (selbst gemischt, siehe Seite 82, oder gekauft)

200 ml Kokoscreme (Dose)
Salz
Muskat

Pro Portion 365 Kalorien
Zubereitung: 45 Minuten

1. Geschälte Petersilienwurzeln, geputzte Pilze und Zucchini in dünne Scheiben schneiden. Zuckerschoten waschen und putzen, Tomaten häuten und würfeln. Schalotten, Knoblauch und entkernte Pfefferschote hacken. Alles auf verschiedenen Tellern bereitstellen.
2. In einem Topf 1/2 Eßlöffel Öl erhitzen. Knoblauch und Pfefferschote darin unter Rühren bei schwacher Hitze etwa 1 Minute braten. Currypulver und Kokoscreme zugeben und bei mittlerer Hitze unter Rühren um etwa 1/4 einkochen lassen.
3. Restliches Öl im Wok erhitzen. Petersilienwurzeln darin bei mittlerer Hitze unter Rühren 2 Minuten braten. Pilze, Zucchini, Zuckerschoten, Tomaten und Schalotten 2 Minuten unter Rühren mitbraten.
4. Kokoscreme aufkochen, Gemüse unterschwenken, mit Salz und Muskat abschmecken und sofort servieren.

Dazu: Thailändischer Duftreis oder Basmatireis.

GEBRATENER REIS MIT TOFU

Für 2 Portionen

250 g Tofu
1 rote Zwiebel (ca. 100 g)
1/2 rote Paprikaschote (ca. 150 g)
100 g Champignons
3 EL Maiskeimöl
1 Thymianzweig
250 g gekochter Reis
75 g gekochte Erbsen
2 1/2 EL Sojasauce
Salz
Cayennepfeffer
1 EL gehackte Koriander- oder Petersilienblätter

Pro Portion 480 Kalorien
Zubereitung: 45 Minuten

1. Abgetropften Tofu würfeln. Halbierte Zwiebel und geputzte Paprikaschote in feine Streifen schneiden. Pilze putzen und in dünne Scheiben schneiden.
2. In einer Pfanne oder im Wok 1 Eßlöffel Öl erhitzen. Tofu und Thymian darin bei mittlerer bis starker Hitze unter Rühren etwa 5 Minuten braten, bis der Tofu leicht gebräunt ist. Auf einen Teller geben.
3. Das restliche Öl erhitzen. Zwiebel und Paprikaschoten darin bei mittlerer Hitze unter Rühren 5 Minuten braten. Pilze bei starker Hitze kurz mitbraten.
4. Reis, Erbsen und Tofu zugeben. Mit Sojasauce, Salz und Cayennepfeffer würzen und braten, bis alle Zutaten heiß sind. Mit Kräutern bestreut anrichten.

Falls Sie den Reis frisch kochen, lassen Sie ihn vor dem Braten ganz abkühlen. Denn die Stärkekörnchen im Reis, die beim Kochen aufplatzen und sich miteinander verbinden, bilden erst beim Erkalten wieder ein stabiles Gewebe. Deshalb wird abgekühlter Reis beim Braten fest und knusprig.

Tofu, seit Jahrtausenden Grundnahrungsmittel in Asien, wird aus gelben Sojabohnen hergestellt. Er sieht aus wie schnittfester Quark, enthält reichlich Eiweiß und wertvolle Fettsäuren, jedoch weder Milchzucker noch Cholesterin. Sie bekommen Tofu in Naturkost- und Asienläden, Reformhäusern und manchen Supermärkten. Reste von rohem Tofu können Sie im Kühlschrank aufbewahren: mit Wasser bedeckt hält er sich in einem verschlossenen Gefäß etwa eine Woche. Das Wasser täglich wechseln.

ZUCKERSCHOTEN MIT TOFU

Beides vom selben Baum: Die in jedem Haushalt bekannte Nuß stammt vom immergrünen Muskatbaum und wird bei uns seit dem Mittelalter als Gewürz verwendet. Die etwa zehn Meter hohen Bäume tragen entweder männliche oder weibliche Blüten. Aus den weiblichen Blüten entwickelt sich eine pfirsichähnliche Frucht, die aufspringt, sobald sie reif ist. Zum Vorschein kommt ein harter Stein, in dessen Innern ein Kern – die Muskatnuß – sitzt. Muskatblüte (rechts), auch Macis genannt, ist das Samenhäutchen über der Muskatnuß. Frisch ist es feuerrot, getrocknet wird es orangefarben bis bräunlich.

Für 3 Portionen

400 g Tofu
Salz
weißer Pfeffer
$^1/_4$ TL Currypulver
2 EL Mehl
400 g Zuckerschoten
4 Knoblauchzehen
6 EL Öl
4 EL Gemüsebrühe

Pro Portion 440 Kalorien
Zubereitung: 30 Minuten

1. Tofu trockentupfen und in etwa $^1/_2$ cm dünne Scheiben schneiden. Salzen und mit Pfeffer aus der Mühle würzen. Mehl mit Currypulver mischen und Tofuscheiben darin wenden.
2. Zuckerschoten waschen, trockentupfen und von Stiel- und Blütenansätzen befreien. Dabei auch eventuell vorhandene Fäden mit abziehen. Knoblauch hacken.
3. In einer Pfanne oder im Wok 2 Eßlöffel Öl erhitzen. Zuckerschoten darin bei starker Hitze unter ständigem Rühren etwa 1 Minute anbraten. Brühe zugeben, Zuckerschoten zugedeckt in etwa 2 Minuten gerade eben bißfest garen. Mit Salz und Pfeffer würzen, aus der Pfanne nehmen und warm halten.
4. 2 weitere Eßlöffel Öl erhitzen. Tofu darin bei starker bis mittlerer Hitze auf beiden Seiten goldgelb braten. Ebenfalls herausnehmen und warm halten.
5. Knoblauch im restlichen Öl bei mittlerer Hitze unter Rühren goldgelb rösten.
6. Tofu und Zuckerschoten auf vorgewärmten Tellern anrichten. Knoblauch darüberstreuen.

GEMÜSE NACH CHINA ART

Für 2 Portionen

12 Frühlingszwiebeln
2 Knoblauchzehen
250 g Spinat
2 EL Maiskeimöl
1 EL Sesamöl
1 EL Sesamsamen
4 EL Gemüsebrühe
Salz
Muskat

Pro Portion 263 Kalorien
Zubereitung: 30 Minuten

1. Frühlingszwiebeln putzen, waschen und in Stücke schneiden. Knoblauch in dünne Scheiben schneiden. Spinat verlesen, waschen und trockenschwenken.
2. Maiskeimöl in einer Pfanne oder im Wok erhitzen. Zwiebelstücke und Knoblauch darin unter ständigem Rühren bei mittlerer Hitze etwa 2 Minuten braten und wieder herausnehmen.
3. Sesamöl in die Pfanne geben, Sesamsamen darin goldbraun rösten. Spinat zugeben und unter Rühren garen, bis die Blätter weich und intensiv grün sind.
4. Frühlingszwiebeln, Knoblauch und Brühe zugeben und aufkochen. Mit Salz und Muskat abschmecken.

Dazu: Reisnudeln und Soja- oder Fischsauce.

BUDDHISTISCHES GEMÜSE

Für 4 Portionen

100 g Minimais
(siehe Seite 110)
100 g Keniabohnen
100 g weißer Spargel
100 g grüner Spargel
100 g Zuckerschoten
1 mittelgroßer Zucchino
100 g Rettich
2 mittelgroße Möhren
1/2 gelbe Paprikaschote
1/2 rote Paprikaschote
1 mittelgroße Zwiebel
100 g Tofu
2 kleine Tomaten oder
12 Kirschtomaten
1 Stück Ingwerwurzel
2 Knoblauchzehen
4 EL Maiskeimöl
1 EL gemahlene Gelbwurz
3 EL Kokoscreme (Dose)
1 TL »Fünf-Gewürze«-Mischung
(siehe Seite 13)
100 ml Gemüsebrühe
Salz, Cayennepfeffer

Pro Portion 263 Kalorien
Zubereitung: 1 Stunde

1. Hüllblätter und Fäden der Maiskolben entfernen. Kolben der Länge nach vierteln und auf einen großen Teller geben. Geputzte Bohnen dazugeben.
2. Weißen Spargel schälen, beim grünen nur die holzigen unteren Enden entfernen. Alle Spargelstangen in etwa 3 cm lange Stücke schneiden und auf den »Maisteller« legen.
3. Spargelköpfe und geputzte Zuckerschoten auf einen anderen Teller geben. Zucchino in etwa 5 cm lange, bleistiftdicke Stifte schneiden und auf den »Zuckerschotenteller« legen.
4. Rettich und Möhren schälen und wie den Zucchino in Stifte schneiden. Beide Gemüse auf einem dritten Teller bereitstellen.
5. Paprikaschoten in feine Streifen, halbierte Zwiebel in dünne Scheibchen schneiden. Tofu würfeln. Ingwer schälen und in streichholzdünne Stifte schneiden. Alle diese Zutaten auf einen vierten Teller geben.
6. Tomaten häuten und achteln, dabei die Stielansätze entfernen. Knoblauch hacken. Beides auf einen weiteren Teller geben.
7. Das Öl in einem großen Schmortopf erhitzen. Zuerst die Zutaten auf dem »Maisteller« darin bei starker Hitze unter Rühren etwa 2 Minuten braten. Nacheinander jetzt die Zutaten auf dem »Zuckerschotenteller« und dem »Möhrenteller« zugeben und jeweils etwa 1 Minute unter Rühren braten.
8. Die Zutaten vom »Paprikaschotenteller« zugeben und ebenfalls 1 Minute braten. Zum Schluß die Tomaten und den Knoblauch untermischen und etwa 30 Sekunden mitbraten, bis alles heiß ist.
9. Gelbwurz, Kokoscreme, »Fünf-Gewürze«-Mischung und Gemüsebrühe untermischen und aufkochen. Mit Salz und Cayennepfeffer würzen und sofort servieren.

Dazu passen Reisnudeln oder Reis.

Ein China-Essen aus buddhistischer Tradition, mit dem sich die schnelle Garmethode des »Pfannenrührens« oder »Sautierens« besonders gut vermitteln läßt. Die Fotos am Rand zeigen Ihnen deutlich, in welcher Reihenfolge gebraten wird – harte Gemüsesorten wie Maiskölbchen oder Bohnen zuerst, weiche wie zum Beispiel Tomaten ganz zum Schluß. Bei diesem schnellen Braten in Öl bleibt alles erhalten, was Sie an frischem Gemüse so schätzen: Aroma, Farbe, Geschmack und Nährstoffe.

GEMÜSELASAGNE MIT WAN-TAN-TEIG

Für 4 Portionen

150 g Shiitake-Pilze
1 Schalotte
2 1/2 EL Sesamöl
1 EL Sesamsamen
1 EL helle Sojasauce
250 g Zucchini
10 Salbeiblättchen
4 Eier
Salz
Pfeffer
4 Tomaten
1 grüne Pfefferschote
250 g Spinat
1 Knoblauchzehe
Muskat
15 Wan-Tan-Blätter
(je 8 x 8 cm; siehe unten)
Sauce:
1 große Schalotte
1 1/2 EL Sesamöl
2 EL Sojasauce
4 EL Wasser
1 TL Zucker

Pro Portion 270 Kalorien
Zubereitung: 1 1/2 Stunden

1. Pilzhüte vierteln. Schalotte hacken. Öl erhitzen, Pilze und Schalotte darin bei mittlerer Hitze unter Rühren etwa 1 Minute anbraten. Sesamsamen untermischen und kurz mitrösten. Mit Sojasauce mischen und in eine Schüssel geben.
2. Inzwischen Zucchini waschen, putzen, längs halbieren und in dünne Scheiben schneiden. Salbei in feine Streifen schneiden. Beide Zutaten in einer anderen Schüssel mit 1 Ei mischen, mit Salz und Pfeffer aus der Mühle kräftig würzen.
3. Tomaten häuten, vierteln und entkernen. Mit der entkernten, fein gehackten Pfefferschote, dem zweiten Ei und einer kräftigen Prise Salz in einer dritten Schüssel vermischen.
4. Spinat verlesen, waschen, trockenschwenken und fein hacken. Mit der gehackten Knoblauchzehe, dem dritten Ei, Salz, Pfeffer aus der Mühle und Muskat in einer weiteren Schüssel mischen.
5. Eine Kastenform von 30 cm Länge mit 1 Eßlöffel Öl ausstreichen. Eine Schüssel mit kaltem Wasser und einigen Eiswürfeln füllen. In einem großen Topf reichlich Salzwasser zum Kochen bringen. 3 Wan-Tan-Blätter darin einige Sekunden sprudelnd kochen, mit einem Schaumlöffel herausnehmen und in das Eiswasser tauchen.
6. Boden der Form mit den abgetropften Blättern auslegen, Zucchinimischung darauf verteilen und mit 3 vorbereiteten Wan-Tan-Blättern belegen. Darauf die Tomatenfüllung, 3 Wan-Tan-Blätter, Spinatfüllung und wieder 3 Wan-Tan-Blätter geben.
7. Pilze in der Schüssel mit dem noch verbliebenen Ei mischen, als letzte Schicht in die Form geben und mit den restlichen vorbereiteten Wan-Tan-Blättern abdecken.
8. Die Form in ein Wasserbad stellen, mit Alufolie schließen und mit dem Rost in den kalten Backofen auf die untere Schiene schieben. Den Ofen auf 160 Grad (Umluft 150 Grad, Gas Stufe 2) schalten. Lasagne 40 Minuten garen, bis die Eier gestockt sind.
9. Für die Sauce die gehackte Schalotte mit den anderen Zutaten verrühren.
10. Lasagne herausnehmen, in der Form 10 Minuten ruhen lassen, stürzen und in Scheiben schneiden. Mit der Sauce beträufelt anrichten.

Wan-Tan-Blätter gibt es in Asienläden fertig zu kaufen. Als Ersatz eignen sich selbstgemachter Nudelteig oder eingeweichte Reispapierblätter.

MANGOLD IN SAKE

Sehen sich zum Verwechseln ähnlich: Mangold (links) und Paksoi, auch Pak-Choi oder chinesischer Senfkohl genannt. Der Verwandte des Chinakohls stammt aus dem Fernen Osten, gedeiht aber auch bei uns und wird deshalb immer häufiger angebaut. Paksoi enthält reichlich Vitamine der B-Gruppe, Vitamin C, Calcium und Eisen. Mangold, seit grauer Vorzeit als Gemüse genutzt, galt früher als »Spinat« für arme Leute. Vermutlich hatte man ihn deshalb so lange aus den Küchen verbannt. Bis ihn bekannte Köche wieder salonfähig machten – siehe das Rezept rechts!

Für 4 Portionen

500 g Mangold
2 Schalotten
2 Knoblauchzehen
4 EL Erdnußöl
6 EL japanischer Reiswein (Sake) oder trockener Sherry
2 EL helle Sojasauce
1 TL Zucker
Zitronensaft
weißer Pfeffer

Pro Portion 158 Kalorien
Zubereitung: 30 Minuten

1. Mangold vom Wurzelansatz befreien, Blätter waschen. Stiele keilförmig herausschneiden und in feine Streifen schneiden. Blätter längs halbieren und quer in 3 cm breite Streifen teilen. Schalotten und Knoblauch hacken.
2. Öl in einer Pfanne oder im Wok erhitzen. Schalotten und Knoblauch darin bei schwacher bis mittlerer Hitze unter Rühren anbraten. Mangoldstiele zugeben und bei mittlerer Hitze braten, bis sie goldgelb sind.
3. Mangoldblätter untermischen und einige Male durchrühren. Reiswein zugießen und den Bratfond unter Rühren lösen. Mit Sojasauce, Zucker, einigen Tropfen Zitronensaft und Pfeffer aus der Mühle würzen.

Dazu: fritierte oder in Wasser gegarte Reisnudeln.

EIERKUCHEN MIT PILZEN

Für 4 Portionen

20 g getrocknete Mu Err-Pilze
80 g Champignons
1 Stange Porree (ca. 100 g)
2 Möhren (ca. 100 g)
3 Stiele Mangold (ca. 80 g)
4 Blätter Chinakohl (ca. 80 g)
2 EL Sesamöl
Salz
weißer Pfeffer
8 Eier
4 EL Sojasauce
2 EL Maiskeimöl
1/2 Bund Schnittlauch

Pro Portion 291 Kalorien
Zubereitung: 1 Stunde

1. Mu Err-Pilze 10 Minuten in heißem Wasser einweichen und in Streifen schneiden. Geputzte Champignons in Stifte schneiden. Porree putzen, der Länge nach halbieren, waschen und in etwa 3 cm lange Stücke schneiden. Geschälte Möhren in dünne Stifte, Mangold und Chinakohl in etwa 3 cm breite Streifen schneiden.
2. Sesamöl in einer Pfanne erhitzen. Möhren, Porree, Mangold und Chinakohl darin bei starker Hitze unter Rühren etwa 1 Minute braten. Pilze zugeben und 1 Minute mitbraten. Mit Salz und Pfeffer aus der Mühle würzen und auf einer Platte etwas abkühlen lassen.
3. Eier mit Sojasauce verrühren. Gebratenes Gemüse untermischen.
4. Pfanne säubern, 1 Eßlöffel Maiskeimöl darin erhitzen. Etwa 1/4 der Eiermischung zugeben und zugedeckt bei schwacher bis mittlerer Hitze etwa 3 Minuten braten, bis der Eierkuchen an der Oberfläche gerade eben gestockt ist. Herausnehmen und warm halten. Aus dem Rest der Eiermischung 3 weitere Kuchen backen. Mit Schnittlauchröllchen bestreut servieren.

Chinesischer Brokkoli auf einem Markt in Hongkong. Das Gemüse mit viel Nährwert – reichlich Vitamin C, Calcium und Eisen – bekommen Sie auch bei uns im Gemüsehandel. Essen können Sie die ganze Pflanze: fleischige Stengel und junge Blätter, Blütenknospen und offene, weiße Blüten. Zum Probieren im Rezept den Mangold durch China-Brokkoli ersetzen.

REISPAPIERSÄCKCHEN MIT PILZEN

Alle drei haben die Küchen gewechselt: Obwohl Zitronenmelisse (links), Estragon (Mitte) und Kerbel (rechts) aus Asien stammen, sind sie heute viel typischer für die europäische Küche. So kannte man Estragon in China schon vor etwa 3000 Jahren, verwendet ihn dort aber nicht mehr. Und obwohl die Araber lange vor den Europäern ihre Speisen damit würzten, spielt er heute in der französischen Küche eine weit größere Rolle. Estragon entfaltet sein Aroma beim Garen am besten. Anders Zitronenmelisse: Mitkochen und Trocknen verträgt sie nicht so gut. Also lieber frisch anstelle von Zitronenschale über das fertige Essen, über Salate und Desserts streuen und in kalte Getränke mischen. Die im Orient schon immer geschätzte Würzpflanze galt bei uns lange Zeit nur als Heilkraut, das beruhigend und krampflösend wirkt. Kerbel spielte früher als Fastenkräutlein in Suppen und Saucen eine Rolle, vielleicht weil er tatsächlich ideal gegen Frühjahrsmüdigkeit hilft: Er wirkt stoffwechselfördernd, blutreinigend und appetitanregend.

Für 3 Portionen

80 g Austernpilze
80 g Champignons
80 g Shiitake-Pilze
1 Knoblauchzehe
2 Schalotten
2 EL Petersilienblätter
2 EL Estragonblättchen
1 kleines Bund Schnittlauch
1 EL Olivenöl
Salz
weißer Pfeffer
1 EL Maiskeimöl
1 Prise gemahlenes Anis
2 TL Sesamöl
1 TL helle Sojasauce
12 Schnittlauchhalme
12 Reispapierblätter
(20 cm Durchmesser)
750 g Kokosfett zum Fritieren
Sabayon:
1 Knoblauchzehe
2 Eigelbe
1 TL Reisessig oder Zitronensaft
3 EL Fleischbrühe
5 EL Olivenöl

Pro Portion 606 Kalorien
Zubereitung: 1 3/4 Stunden

1. Austernpilzhüte vom Strunk schneiden und in kleine Würfel schneiden. Champignons putzen und würfeln. Shiitake-Pilze von den Stielen schneiden und ebenfalls würfeln. Alle drei Pilzsorten getrennt auf Tellern bereitstellen.
2. Knoblauch, Schalotten, Petersilie, Estragon und Schnittlauch getrennt fein zerkleinern und ebenfalls auf Tellern bereitstellen.
3. Olivenöl in einer Pfanne erhitzen. Austernpilze darin bei starker Hitze unter ständigem Rühren kräftig rösten. Knoblauch und Petersilie daruntermischen und einige Sekunden mitbraten. Mit Salz und Pfeffer würzen und wieder aus der Pfanne nehmen.
4. Maiskeimöl in der Pfanne erhitzen. Champignons und die Hälfte der Schalotten darin rösten. Estragon, Anis, Salz und Pfeffer untermischen und ebenfalls wieder aus der Pfanne nehmen.
5. Sesamöl erhitzen, restliche Schalotte und Shiitake-Pilze darin braten, Mit Sojasauce und Schnittlauch mischen, mit Salz und Pfeffer würzen.
6. Pilzfüllungen ganz abkühlen lassen. Die Flüssigkeit, die sich dabei sammelt, abgießen.
7. Schnittlauchhalme auf einem Sieb rasch in kochendes Wasser tauchen, aus dem Sieb nehmen und nebeneinander auf der Arbeitsfläche ausbreiten.
8. Reispapier einweichen und auf Küchentüchern ausbreiten (siehe Seite 13). Austernpilze auf 4 Blättern verteilen, Champignons auf weitere 4 und Shiitake auf die restlichen 4 Blätter geben. Blätter wie kleine Säckchen zusammenfalten und mit den Schnittlauchhalmen zubinden.
9. Fett in einer Friteuse erhitzen. Reispapiersäckchen in das Sieb geben – eventuell in zwei Portionen – und zugedeckt im heißen Fett etwa 2 Minuten fritieren. Auf Küchenpapier abtropfen lassen.
10. Für das Sabayon den gehackten Knoblauch mit Eigelben, Essig und Brühe verrühren. Über dem warmen Wasserbad zu einer dicken Creme aufschlagen. Öl nach und nach unterschlagen. Sabayon mit Salz und Pfeffer aus der Mühle würzen und auf Teller geben. Reispapiersäckchen darauf anrichten.

Für das gefüllte Reispapier brauchen Sie eine Friteuse mit Siebeinsatz und Deckel, denn die Pilze sind ziemlich feucht, und das Fett spritzt deshalb beim Fritieren: Darum die Säckchen nicht ins heiße Fett gleiten lassen, sondern erst ins Sieb setzen und beim Fritieren den Deckel auflegen. Falls Sie keine Friteuse haben, Säckchen dämpfen.

KARTOFFELBÄLLCHEN MIT JOGHURT

Basilikum (links) stammt aus Südasien, war in Indien heilig, im antiken Griechenland als edles »Königskraut« geschätzt – Basileus ist das griechische Wort für König. Im antiken Rom und im europäischen Mittelalter aß man es mit Begeisterung, obwohl – oder weil? – die Mediziner abrieten. Inzwischen ist Basilikum so bekannt, daß Sie gewiß keine Tips zur Verwendung brauchen.
Borretsch (Mitte) wird zur Blütezeit besonders geliebt von Hummeln, Bienen und leider auch Läusen. In den Orient gelangte das Kraut, das vermutlich von der Iberischen Halbinsel stammt, durch die Araber, die Spanien über Jahrhunderte besetzt hielten. Borretsch schmeckt ähnlich frisch und aromatisch wie Gurken und paßt zu Salaten und Kräuterdips (siehe Rezept).
Pimpinelle (links) – im Mittelalter als Heilmittel gegen Pest und Cholera verordnet – schmeckt frisch und würzig, ein bißchen nach Gurke und eine Spur bitter. Sie verfeinert Kräutersaucen, Suppen, Salatdressings und Dips.

Für 4 Portionen

Joghurt:
2 Handvoll gemischte frische Kräuter wie Basilikum, Schnittlauch, Petersilie, Dill, Estragon, Borretsch und Pimpinelle
500 g Joghurt (3,5 %)
1/2 TL gemahlener Kreuzkümmel
1 TL Zitronensaft
Salz
schwarzer Pfeffer
Kartoffelbällchen:
500 g mehligkochende Kartoffeln
1 kleine Möhre
30 g Knollensellerie
1 kleines Stück Ingwerwurzel
1 Frühlingszwiebel
1 kleiner Zucchino
1 rote Pfefferschote
1 EL Koriander- oder Petersilienblättchen
2 EL Traubenkernöl
1 TL gemahlene Gelbwurz
1 Messerspitze gemahlenes Kardamom
1 Messerspitze geriebene Muskatnuß
Salz
weißer Pfeffer
3 Eigelbe
75 g Maisstärke
4 Eier
100 g Sesamsamen
500 g Maiskeimöl

Pro Portion 706 Kalorien
Zubereitung: 1 3/4 Stunden

1. Kräuter waschen, trockenschwenken und fein hacken. Mit Joghurt, Kreuzkümmel, Zitronensaft, Salz und Pfeffer aus der Mühle vermischen. Joghurt zugedeckt bis zum Servieren kühlen.
2. Kartoffeln in wenig Salzwasser sehr weich kochen. Das dauert je nach Größe der Kartoffeln 20 bis 30 Minuten. Abgießen, kalt abschrecken, pellen und mit einer Gabel fein zerdrücken oder durch die Kartoffelpresse drücken.
3. Während die Kartoffeln kochen, Möhre, Sellerie und Ingwer schälen und fein zerkleinern. Frühlingszwiebel von Wurzelansatz und welken grünen Blättern befreien, längs halbieren, waschen, trockentupfen und hacken. Geputzten Zucchino in kleine Würfel schneiden, entkernte Pfefferschote und Korianderblättchen hacken.
4. Traubenkernöl in einer Pfanne erhitzen. Zerkleinertes Gemüse und Pfefferschote darin bei schwacher Hitze unter Rühren etwa 4 Minuten braten. Mit Gelbwurz, Kardamom, Muskat, Salz und Pfeffer aus der Mühle würzen und abkühlen lassen.
5. Kartoffelbrei mit gebratenem Gemüse, Eigelben und 3 gestrichenen Eßlöffeln Maisstärke vermischen. Aus dem Teig walnußgroße Bällchen formen, dabei die Hände immer wieder mit Maisstärke bestäuben.
6. Bällchen zuerst in der verbliebenen Maisstärke, dann in den verquirlten Eiern und zuletzt in den Sesamsamen wenden. Sesam leicht andrükken.
7. Öl zum Fritieren erhitzen. Bällchen darin in 4 bis 5 Minuten goldgelb ausbacken und dabei wenden. Auf Küchenpapier abtropfen lassen und heiß zum Kräuterjoghurt servieren.

Dazu: Gemüse-Obstsalat mit Erdnußdressing (Rezept Seite 17).

In China schätzt man Klöße aus dem Grundnahrungsmittel Reis. Hier finden Sie statt dessen Kartoffeln auf ähnliche Art zubereitet. Näher am Original, aber etwas schwieriger: Bällchen so groß wie Tischtennisbälle formen und mit dem gebratenen Gemüse füllen.

MARINIERTE EIER MIT TOMATEN

Zwei milde Sorten, die Sie bei uns bekommen: weißen, süßlichen Reisessig (links) braucht man in Japan zum Säuern von Sushi-Reis (siehe Rezept Seite 18). Für sauer-scharfe China-gerichte nehmen Sie am besten Aceto Balsamico, den sanften Balsamessig aus Italien. Denn nach der Originalwürze, dem schwarzen Chinkiang-Reisessig, müssen Sie auch in Asienläden suchen.

Für 4 Portionen

8 Eier
1/2 Ingwerwurzel
Schalen von 2 Zwiebeln
1/2 EL Honig
80 ml Apfelessig
650 ml Gemüsebrühe
5 EL Sojasauce
2 dünne Stangen Porree
3 Tomaten
1 Schalotte
Salz, weißer Pfeffer
Cayennepfeffer
50 g Maiskeimöl
1 EL Sesamöl
je 1 EL Petersilie und Koriandergrün

Pro Portion 353 Kalorien
Zubereitung: 40 Minuten
Marinierzeit: 1 Tag

1. Eier in 8 Minuten hart kochen, kalt abschrecken und pellen.
2. Während die Eier kochen, Ingwer schälen und in Stücke schneiden. Mit Zwiebelschalen, Honig, 2 Eßlöffeln Essig, 1/2 l Brühe und Sojasauce in einem Topf aufkochen.
Eier damit übergießen und zugedeckt im Kühlschrank 1 Tag marinieren.
3. Porree putzen, waschen und zuerst in 4 cm lange Stücke, dann in feine Streifen schneiden. Tomaten häuten und vierteln. Viertel in Streifen schneiden, dabei Stielansätze und Kerne der Tomaten entfernen. Schalotte, Petersilie und Koriander fein hacken.
4. Rest der Brühe mit restlichem Essig, Salz, Pfeffer aus der Mühle, Cayennepfeffer und den beiden Ölsorten verrühren. Porree, Tomaten, Schalotte und gehackte Kräuter damit mischen und über die Eier gießen.

Dazu: Reis oder Brot und Salat.

GERÖSTETER TOFU MIT GURKEN

Für 4 Portionen

400 g festkochende Kartoffeln
300 g Tofu
300 g Salatgurke
100 g Haselnußkerne
1 Knoblauchzehe
1-2 rote Pfefferschoten
4 EL Maiskeimöl
2 EL Sesamöl
2 Zweige Thymian
160 g Sojasprossen
2 EL Estragonblättchen
Salz, Cayennepfeffer
Saft von 1 Zitrone
300 ml Gemüsebrühe
1 TL Speisestärke
2 TL Wasser

Pro Portion 430 Kalorien
Zubereitung: 1 Stunde

1. Geschälte Kartoffeln, Tofu und geschälte Salatgurke in etwa 1 cm große Würfel schneiden. Haselnüsse, Knoblauch und entkernte Pfefferschoten hacken.
2. Maiskeimöl erhitzen. Kartoffeln darin bei mittlerer Hitze etwa 4 Minuten braten, bis sie gerade eben gar sind. Aus der Pfanne nehmen.
3. Sesamöl erhitzen, Tofu, Nüsse und Thymianzweige darin bei starker Hitze anbraten, bis der Tofu eine goldgelbe Kruste hat. Gurken, Kartoffeln und Sprossen zugeben und bei starker Hitze unter Rühren etwa 3 Minuten mitbraten, bis alles heiß ist. 1 Eßlöffel Estragon, Salz und Cayennepfeffer zugeben und warm halten.
4. Zitronensaft, Brühe, Knoblauch und Pfefferschote in die Pfanne geben. Bratensatz unter Rühren lösen. Sauce bei starker Hitze unter Rühren um etwa 1/3 einkochen.
5. Speisestärke mit Wasser verrühren, Sauce damit binden und mit Salz abschmecken. Warm gehaltenes Gemüse untermischen. Mit dem restlichen Estragon bestreuen.

In Indien und Afrika, wo die bis zu 25 Meter hohen Tamarindenbäume wild wachsen, wurden Blätter und Schoten vermutlich schon vor über 2000 Jahren gegessen. Zum Würzen nimmt man Tamarindenmus, das zitronenartig säuerliche Fruchtfleisch mit Kernen, das in den Samenhülsen steckt: Ein etwa walnußgroßes Stück davon in knapp einer halben Tasse heißem Wasser 15 Minuten zugedeckt ziehen lassen und absieben. Die Flüssigkeit wie Zitronensaft an indische, thailändische und indonesische Gerichte geben. Tamarindenmus bekommen Sie in asiatischen Lebensmittelgeschäften und Feinkostläden.

GRATINIERTE LITSCHIS MIT SEKT-EIS

Manchmal mußten Chinas Provinzen ihre Steuern an den Herrscher in Form von Litschis entrichten. Die typisch chinesische Frucht, in schriftlichen Quellen schon vor 1700 Jahren erwähnt, ist etwas Besonderes: Das zarte, perlmuttfarbene Fruchtfleisch duftet nach Rosen, schmeckt ein wenig nach Rosinen und Sauerkirschen, scheint gewürzt mit einem Hauch Muskat und – enthält eine beachtliche Menge Vitamin C. Früher gab es Litschis bei uns nur in Dosen. Inzwischen bekommt man sie von Anfang Dezember bis Juli frisch – leider nicht gerade billig.
Bei Zimmertemperatur halten sich Litschis etwa 1 Woche. ***Wie man sie vorbereitet, sehen Sie auf Seite 61.***

Für 4 Portionen

Eis:
125 g Sahne
1/8 l trockener Sekt oder Champagner
25 g Zucker
einige Tropfen Zitronensaft
1 Ei
1 Eigelb
Gratin:
20 frische Litschis
2 Eigelbe
50 g Puderzucker
50 ml trockener Sekt oder Champagner
abgeriebene Schale von 1/4 unbehandelten Zitrone und einige Tropfen Saft
50 g Sahne
Minzeblättchen zum Garnieren
Puderzucker zum Bestreuen

Pro Portion 360 Kalorien
Zubereitung: 45 Minuten
Kühlzeit: etwa 6 Stunden

1. Sahne, Sekt, Zucker und Zitronensaft aufkochen. Topf von der Kochstelle nehmen. Ei und Eigelb mit einem Schneebesen kräftig unter die Sahne schlagen. Den Topf in eine Schüssel mit Wasser und einigen Eiswürfeln stellen. Die Creme so lange rühren, bis sie kalt ist.
2. Creme durch eine feines Sieb in eine Edelstahl- oder Glasschüssel passieren und zugedeckt im Gefriergerät in etwa 6 Stunden fest werden lassen. Dabei etwa alle 30 Minuten kräftig durchrühren, damit das Eis geschmeidig wird.
3. Die Litschis schälen (siehe Seite 61). Viermal zum Kern hin so einschneiden, daß er sich herauslösen läßt und die Frucht flachgedrückt einen Stern bildet.
4. Elektrogrill auf mittlerer Schaltstufe vorheizen. Eigelbe und Puderzucker mit den Quirlen des Handrührgerätes aufschlagen, bis die Masse weiß wird. Sekt, Zitronenschale und Saft unterrühren. Sahne steif schlagen und mit dem Schneebesen unterziehen.
5. Litschis auf vier ofenfeste, tiefe Teller legen. Die Sektcreme darüber verteilen. Teller in den heißen Grill auf die untere Schiene stellen. Litschis etwa 1 1/2 Minuten gratinieren, bis die Oberfläche goldgelb ist.
6. Auf Tellern verteilen. Das Eis portionieren und daneben anrichten. Mit Minze garnieren und mit Puderzucker bestäuben.

KOKOSSÜPPCHEN IN DER MELONE

Für 6 Portionen

3 kleine Zuckermelonen (Galia, Cavaillon oder Ogen)
400 g Kokoscreme (Dose)
60 g Zucker
Saft von 1 Limette
1 Handvoll Eiswürfel
6 cl Kokos- oder Orangenlikör
50 g Kokosflocken
500 g gemischtes frisches Obst (Erdbeeren, Himbeeren, Nektarinen, Kiwi)
einige Minzeblättchen zum Garnieren

1. Melonen quer halbieren. Kerne mit einem Eßlöffel entfernen. Fruchtfleisch mit einem Kugelausstecher oder einem Teelöffel herausstechen. Melonenkugeln auf einem Teller beiseite stellen.
2. Kokospüree, Zucker, Limettensaft und die Eiswürfel aus dem Gefrierfach im Mixer pürieren und in eine Schüssel geben. Likör und Kokosflocken untermischen.
3. Melonenschalen auf Teller setzen, Melonenkugeln und Kokos-Mischung darin verteilen.
4. Obst waschen oder schälen, hübsch zerkleinern und um die Melonenschalen legen. Mit Minzeblättchen garniert sofort servieren.

Pro Portion 260 Kalorien
Zubereitung: 30 Minuten

Ananas mit Schokoladensauce

King Coconut, aufgenommen in Bali. Die mächtigen Früchte einer bis zu 30 Meter hohen Palme bekommen Sie in ganz Südostasien – nicht zum Essen, sondern zum Trinken. Denn anders als die »normale« Kokosnuß bilden King Coconuts nur wenig Fruchtfleisch, dafür etwa 1/2 l wunderbar erfrischendes, aromatisches Kokoswasser.

Für 4 Portionen

1 Baby-Ananas (ca. 350 g)
1 feste Mango (ca. 300 g)
2 EL Maisstärke
3 Eiweiß
150 g Kokosflocken
80 g Kokosfett
Sauce:
125 g Sahne
20 g Zucker
2 Eigelbe
1 EL ungesüßtes Kakaopulver
2 TL gehackter frischer Ingwer

Pro Portion 607 Kalorien
Zubereitung: 1 Stunde

1. Ananas schälen und in etwa 1/2 cm dicke Scheiben schneiden. Den innersten Kern jeder Scheibe herausstechen.
2. Mango schälen, Fruchtfleisch mit einem scharfen Messer rundherum in Spalten vom Kern schneiden.
3. Obstscheiben zuerst in Speisestärke, dann im verquirlten Eiweiß und zuletzt in den Kokosflocken wenden.
4. Fett erhitzen. Obst darin bei mittlerer Hitze portionsweise auf beiden Seiten etwa 3 Minuten braten, bis es goldgelb ist. Zum Abtropfen auf Küchenpapier legen und warm halten.
5. Für die Sauce Sahne, Zucker, Eigelbe und Kakao in einer Schüssel verrühren. Über dem warmen Wasserbad zu einer dickflüssigen Sauce aufschlagen. Durch ein feines Sieb passieren, mit Ingwer mischen und mit dem Obst anrichten.

Banane mit Limettensabayon

Für 6 Portionen

1 Vanilleschote
2 Eßl. Honig (ca. 50 g)
6 kleine Bananen
6 Reispapierblätter
(je 20 cm Durchmesser)
25 g Kokosfett
Limettensabayon:
100 ml trockener Weißwein
Saft und abgeriebene Schale
von 1 Limette
30 g Zucker
3 Eigelbe

Pro Portion 254 Kalorien
Zubereitung: 30 Minuten

1. Vanillestange der Länge nach mit einer Messerspitze aufschneiden, das Mark herauskratzen und mit dem Honig verrühren. Die geschälten Bananen rundherum darin wenden und 5 Minuten ziehen lassen.
2. Die Reispapierblätter nacheinander einweichen, auf Küchentüchern ausbreiten (siehe Seite 13) und in jedes Blatt eine Banane wickeln.
3. Fett in einer Pfanne zerlassen. Bananen bei mittlerer Hitze pro Seite etwa 3 Minuten backen, bis sie gerade eben weich sind. Herausnehmen und warm stellen.
4. Alle Zutaten für das Sabayon in eine Schüssel geben und über dem warmen Wasserbad zu einer schaumigen Creme aufschlagen.
5. Bananen und Sabayon auf Tellern anrichten und sofort servieren.

Ebenfalls eßbar, allerdings nicht zum Dessert, sondern »mittendrin«: Bananenblüten schätzt man in Südostasien als Gemüse. Am oberen Teil des Bananenstengels sitzen die weiblichen Blüten, aus denen sich Bananen entwickeln. Darunter bilden sich männliche Blüten. Bananenblüten bekommt man bei uns nur selten. Falls Sie Glück haben: harte äußere Hüllblätter entfernen, Kolben wie Gemüse zubereiten.

PASSIONSFRUCHT-KOKOS-TORTE

Für 8 Portionen

Tortenboden:
55 g weiße Schokolade
55 g Butter
25 g Puderzucker
2 Eigelbe
3 Eiweiß
35 g Zucker
50 g Mehl
15 g gemahlene Walnüsse
Passionsfruchtcreme:
2 Blatt weiße Gelatine
125 g Passionsfruchtfleisch ohne Kerne
130 g Zucker
1 Eiweiß
100 g Sahne
Kokoscreme:
1 1/2 Blatt weiße Gelatine
125 g Kokoscreme (Dose)
2 EL Milch
40 g Zucker
2 Eigelbe
Saft von 1/2 Limette
125 g Sahne
20 g Kokosflocken
Fett für die Form

Pro Portion 415 Kalorien
Zubereitung: 2 1/2 Stunden
Kühlzeit: 5 Stunden

1. Schokolade in Stücke brechen, in eine kleine Schüssel geben und im Wasserbad schmelzen. Sie soll weich und geschmeidig, aber nicht heiß werden. Butter und Puderzucker mit den Quirlen des Handrührgerätes rühren, bis die Butter elfenbeinfarben und schaumig ist. Nach und nach Eigelbe und Schokolade untermischen und alles zu einer dicken, cremigen Masse rühren.
2. Eiweiß und Zucker steif schlagen und auf die Masse gleiten lassen. Mehl darübersieben, Nüsse darüberstreuen. Alles mit einem Schneebesen vorsichtig mischen, bis sich die Zutaten miteinander verbunden haben.
3. Backofen auf 180 Grad (Umluft 160 Grad,Gas Stufe 3) vorheizen. Eine Springform von 26 cm mit Pergamentpapier auslegen und dieses fetten.
4. Teig in der Form glattstreichen. Mit dem Rost in den Backofen auf die mittlere Schiene schieben. Tortenboden etwa 25 Minuten backen, bis er oben leicht gebräunt ist. Herausnehmen, 10 Minuten in der Form stehen lassen. Aus der Form lösen, Pergamentpapier abziehen, Tortenboden auf einem Kuchengitter 2 Stunden abkühlen lassen.
5. Für die Passionsfruchtcreme Gelatine in kaltem Wasser einweichen. Fruchtfleisch mit Zucker im Mixer pürieren und einmal aufkochen. In eine Schüssel geben. Gelatine aus dem Wasser nehmen, so gut wie möglich ausdrücken, zur Passionsfrucht geben und darin so lange verrühren, bis sie sich aufgelöst hat. Abkühlen lassen.
6. Inzwischen den erkalteten Tortenboden auf eine Kuchenplatte geben und den Springformrand darum schließen. Eiweiß und Sahne getrennt steif schlagen und mit dem Schneebesen unter die Passionsfrucht rühren. Creme auf dem Tortenboden glattstreichen. Erkalten lassen, damit die Creme völlig fest wird.
7. Für die zweite Creme Gelatine ebenfalls einweichen. Kokoscreme mit Milch und Zucker unter Rühren aufkochen. Topf von der Kochstelle nehmen. Eigelbe in einer Schüssel verquirlen und in die heiße, aber nicht kochende Creme geben. Dabei rühren, bis sich eine dicke Creme bildet. Gelatine ausdrücken und unter Rühren in der Creme auflösen. Limettensaft untermischen.
8. Creme ebenfalls abkühlen lassen. Steifgeschlagene Sahne und Kokosflocken unterziehen. Diese zweite Creme auf der ersten glattstreichen. Torte vor dem Servieren 3 Stunden kühlen.

REISGALETTE MIT ROSENBLÄTTERN

Für 4 Portionen

1/2 Vanilleschote
1 Stück unbehandelte Orangenschale
50 g Rundkornreis
1/4 l Milch
75 g Zucker
1 Prise Salz
150 g frische Ananas
100 g Litschis
80 g Erdbeeren
3 Blatt weiße Gelatine
2 Eigelbe
Saft von 1 Orange
1 EL Orangenlikör
1/2 EL Rum
1/2 TL Anispulver
1/2 TL Zimtpulver
1 EL Rosinen
2 Eiweiß
80 g Sahne
20 Rosenblätter (ungespritzt)
50 g Mehl
100 ml eiskaltes Wasser
1/4 l Maiskeimöl zum Fritieren

Pro Portion 440 Kalorien
Zubereitung: 1 1/4 Stunden
Kühlzeit: 3 Stunden

1. Vanilleschote längs halbieren, Mark mit einer Messerspitze herauskratzen. Orangenschale fein hacken. Beide Zutaten mit Reis, Milch, 2 Eßlöffeln Zucker und Salz in einem flachen Topf verrühren. Mit dem Rost auf die mittlere Schiene des kalten Backofens stellen. Ofen auf 180 Grad (Umluft 160 Grad, Gas Stufe 3) schalten. Reis etwa 35 Minuten garen, bis er weich ist und die Milch ganz aufgesogen hat.
2. Während der Reis gart, geschälte Ananas, geschälte, entkernte Litschis (siehe Seite 61) und abgezupfte Erdbeeren in kleine Würfel schneiden. Gelatine in kaltem Wasser einweichen.
3. Eigelbe und restlichen Zucker bis auf 1 Eßlöffel mit den Quirlen des Handrührgerätes auf höchster Schaltstufe zu einer dicken, hellgelben Creme aufschlagen. Orangensaft, Likör, Rum, Anis und Zimt untermischen.
4. Gelatine tropfnaß in einen kleinen Topf geben und bei schwacher Hitze unter Rühren auflösen. Warm unter die Eigelbcreme rühren. Warmen Reis und Rosinen zugeben und alles mit einem Holzspatel verrühren.
5. Eiweiß mit dem restlichen Zucker und die Sahne getrennt steif schlagen. Mit den gewürfelten Früchten auf den Reisbrei geben und alles mit dem Spatel vorsichtig gerade so lange mischen, bis sich alle Zutaten miteinander verbunden haben.
Masse in vier kalt ausgespülte Schälchen füllen, glattstreichen und 3 Stunden kühlen.
6. Rosenblätter waschen und trockentupfen. Gesiebtes Mehl mit dem Eiswasser verrühren. Öl zum Fritieren in einem hohen Topf erhitzen.
7. Rosenblätter in kleinen Portionen in den Teig geben, mit einer Gabel vorsichtig darin wenden, herausfischen und im heißen Öl in einigen Sekunden goldgelb ausbacken. Zum Abtropfen auf Küchenpapier geben.
8. Förmchen kurz in heißes Wasser tauchen, Galettes am Rand der Förmchen mit einer Messerspitze lösen, auf Teller stürzen und mit den Rosenblättern garniert anrichten.

Für die Reisgalettes brauchen Sie frische Eier, damit sich Dotter und Eiweiß sauber trennen lassen und der Schnee schön fest wird. Die Frische prüfen Sie so: Das rohe Ei in ein Gefäß mit Wasser legen. Bleibt es flach liegen, ist es ganz frisch. Je mehr es sich aufrichtet, bis es sich schließlich auf die Spitze stellt, desto älter ist es. Denn die Luftkammer am stumpfen Ende des Eies vergrößert sich im Laufe der Zeit und gibt ihm immer mehr »Auftrieb«.

Gebackene Okraschoten

Okras stammen aus Äthiopien und sind mit dem Hibiskus verwandt. Die Pflanze trägt Früchte in Form von Schoten, die der Mensch schon seit etwa 4000 Jahren ißt. Okra – auch Ladyfinger, Gombo oder Grünschnabel genannt – gehört zu den südlichen Küchen aller Kontinente. Die Früchte schmecken nicht nur süß – wie in diesem Rezept –, sondern auch als Gemüse oder in Suppen und Eintöpfen: Die ganzen Schoten fünf Minuten in kochendem Wasser mit einem Schuß Essig blanchieren, abgießen und kalt abspülen. Dann erst zerkleinern und weiter verarbeiten.

Für 6 Portionen

24 Okraschoten
3 Orangen
30 g Zucker
Saft von 3 Orangen
2 EL Ahornsirup oder Honig
1 1/2 EL Grenadine (Granatapfelsirup; fertig gekauft)
15 g Mehl
60 g Crème double
250 g Butterschmalz zum Fritieren
2 cl Orangenlikör

Pro Portion 304 Kalorien
Zubereitung: 1 Stunde

1. Okraschoten waschen, abtropfen lassen und mit Küchenpapier trockentupfen. Orangen schälen und in Filets teilen, Saft dabei auffangen.
2. Zucker in einer Pfanne bei mittlerer Hitze schmelzen und unter Rühren hellgelb bräunen lassen. Den aufgefangenen Orangensaft, den Saft der anderen Orangen, Ahornsirup und Grenadine zugeben und bei starker Hitze unter Rühren kochen, bis sich Schaum bildet.
3. Den Deckel der Pfanne mit einem Küchentuch umwickeln, damit kein Kondenswasser in den Sirup tropft. Deckel auf die Pfanne legen, Sirup lauwarm halten.
4. Okraschoten im Mehl wenden. Crème double untermischen.
5. Butterschmalz in einem Topf zum Fritieren erhitzen. Schoten darin in zwei Portionen jeweils 2 bis 3 Minuten goldgelb ausbacken. Dabei einmal wenden. Auf Küchenpapier abtropfen lassen.
6. Sirup in der Pfanne mit Orangenlikör mischen und erhitzen. Orangenfilets und Okraschoten darin wenden und alles mit den Okras auf Tellern anrichten.

Kokosplätzchen

Für 4 Portionen

120 g Butter
50 g Kokosflocken
100 g Eiweiß
100 g Zucker
40 g Mehl
Fett für die Förmchen
Glasur:
40 g Kokosflocken
30 g Zucker
Saft von 1 Orange
100 g Kokoscreme
3 cl Batida de Coco (Kokoslikör)
1 TL Maisstärke

Pro Portion 481 Kalorien
Zubereitung: 40 Minuten

1. Butter zerlassen, aber nicht bräunen und lauwarm abkühlen lassen. Kokosflocken bei schwacher bis mittlerer Hitze goldgelb rösten. Backofen auf 220 Grad (Umluft 200 Grad, Gas Stufe 5) schalten.
2. Eiweiß mit Zucker steif schlagen. Butter nach und nach unterschlagen. Mehl auf die Masse sieben, Kokosflocken darüberstreuen. Alles mit einem Schneebesen mischen.
3. Kleine Backförmchen fetten. Teig einfüllen und auf der mittleren Schiene etwa 8 Minuten backen, bis die Plätzchen leicht gebräunt sind. Auf ein Kuchengitter geben.
4. Kokosflocken für die Glasur ebenfalls rösten. Zucker in einem Topf unter ständigem Rühren bei mittlerer Hitze schmelzen und leicht bräunen lassen. Orangensaft untermischen. Kokoscreme zugeben und bei mittlerer Hitze unter Rühren auf etwa $^2/_3$ der Flüssigkeit einkochen lassen. Kokoslikör mit Maisstärke verrühren, Glasur damit binden.
5. Warme Törtchen mit der Glasur bestreichen, mit den Flocken bestreuen und servieren.

Zuckerrohr gehört zu den wichtigsten Kulturpflanzen. Die schilfartigen, einige Meter hohen Pflanzen stammen vermutlich aus Neuguinea und Polynesien, wurden schon früh in Indien und China kultiviert und gelangten nach der Entdeckung Amerikas in die Neue Welt. Heute wird der größte Teil industriell zu braunem oder weißem Zucker verarbeitet. Der Rest kommt frisch auf den Markt. Denn was bei uns Bonbons und Pralinen, sind woanders eben Zuckerrohrstückchen, aus denen Kinder und Erwachsene das süße, saftige Mark saugen.

Asiatische »Krapfen« mit Feigen

Zimt und Nelken gehören in Asien zur alltäglichen Küche – solo und als Bestandteil von Gewürzmischungen. In Indonesien wird auch Tabak mit Nelken (oben) aromatisiert. Diese Blütenknospen eines immergrünen Baumes stammen aus Indonesien und sind bei uns in Europa schon seit dem frühen Mittelalter bekannt. Obwohl botanisch nicht mit den gleichnamigen Blumen verwandt, hat man den Namen auf die Gartennelke übertragen – wegen des ähnlichen Duftes. Zimt, eines der ältesten Gewürze, stammt von zwei verschiedenen Bäumen. Kassia vom Chinesischen Zimtbaum hat man in China bereits vor etwa 5000 Jahren verwendet. Kaneel, vom süßen, aromatischen Ceylon-Zimtbaum, kommt aus Sri Lanka. Immer sind die Stangen das eingerollte Innere der Zimtbaumrinde. Nur dieser Teil besitzt das bekannte Zimtaroma, während die äußeren Rindenstücke bitter schmecken.

Für 6 Portionen

Feigen:
100 g Zucker
1/2 l schwarzer Johannisbeersaft
2 Gewürznelken
1 Stange Zimt
Saft und Schale von
1 unbehandelten Orange
6 frische Feigen
Krapfen:
70 ml Milch
10 g Hefe
1 EL Honig
150 g Mehl
30 g Butter
1/2 Vanilleschote
2 Eigelbe
1 EL Rum oder Orangensaft
1 Messerspitze gemahlene Nelken
1 Prise Salz
500 g Kokosfett zum Fritieren
1 EL Puderzucker
1/4 TL gemahlene Nelken

Pro Portion 430 Kalorien
Zubereitung: 1 1/2 Stunden
Marinierzeit: 4 Stunden

1. Zucker in einem Topf unter ständigem Rühren bei mittlerer Hitze schmelzen und leicht bräunen lassen. Topf von der Kochstelle nehmen, Johannisbeersaft unter Rühren in den Zucker gießen. Topf wieder auf die Kochstelle setzen. Nelken, Zimt, Saft und abgeriebene Schale der Orange zugeben. Alles unter ständigem Rühren bei starker Hitze kochen lassen, bis etwa 1/4 der Flüssigkeit verdampft ist.
2. Feigen schälen und in der Flüssigkeit einmal aufkochen. Zugedeckt 4 Stunden bei Zimmertemperatur ziehen lassen. Nelken und Zimt vor dem Servieren entfernen.
3. Für die Krapfen einen Vorteig bereiten: zimmerwarme Milch, zerbröckelte Hefe, Honig und 3 Eßlöffel Mehl in einer Schüssel verrühren, bis sich die Hefe aufgelöst hat. Zugedeckt bei Zimmertemperatur 15 Minuten gehen lassen.
4. Inzwischen restliches Mehl sieben, Butter zerlassen und wieder lauwarm abkühlen lassen. Vanilleschote der Länge nach halbieren, Mark mit einem spitzen Messer herauskratzen.
5. Vorteig mit dem Mehl, Butter, Vanillemark, zimmerwarmen Eigelben, Rum, gemahlene Nelken und Salz vermischen und mit den Knethaken des Handrührgerätes durchrühren, bis der Teig Blasen bildet und sich vom Schüsselrand löst. Zugedeckt an einem warmen Platz etwa 30 Minuten gehen lassen, bis sich das Volumen des Teiges verdoppelt hat.
6. Fett zum Fritieren erhitzen. Einen Eßlöffel in das Fett tauchen, damit der Teig nicht am Löffel haftet, sondern leicht in das Fett gleitet. Teig mit dem Löffel zu Nocken abstechen. Krapfen etwa 3 Minuten fritieren, bis sie goldbraun sind. Dabei einmal wenden. Gebackene Krapfen auf Küchenpapier abtropfen lassen.
7. Feigen mit dem Saft auf Tellern verteilen. Krapfen daneben anrichten. Puderzucker und gemahlene Nelken mischen, Krapfen damit bestäuben.

Der Feigenbaum ist heilig in Asien. Denn der (historische) Buddha erlangte darunter die Erleuchtung. Der »Bodhibaum«, der Ihnen in buddhistischen Ländern überall begegnet, ist also keine bestimmte Gattung, sondern eben der Baum der Erleuchtung: Das alte indische Wort *bhodi* bedeutet Erleuchtung oder vollkommene Erkenntnis. Der heute verehrte Ableger des ursprünglichen Bodhibaumes steht in der alten ceylonesischen Königsstadt Anuradhapura.

Rezeptregister

Sachregister

WISSENSWERTES ÜBER SOJA-SAUCE

Schon vor etwa 2500 Jahren wurde im Orient Soja-Sauce gebraut. Als die buddhistische Lehre den Verzehr von Fleisch einschränkte, das zu jener Zeit nicht nur zum Essen, sondern auch zum Würzen benutzt wurde, suchte man nach schmackhaften Alternativen. Dabei entdeckte man, daß sich durch den Gärungsprozeß von Gemüsen, z. B. Sojabohnen, ein äußerst wohlschmeckendes Gewürz entwickelte, das wegen seines Salzgehaltes gleichzeitig als Konservierungsmittel diente.
Um Produktionskosten und Zeit zu sparen, entwickelte man vor einigen Jahrzehnten in Europa eine chemische oder nicht gebraute Soja-Sauce. Die nachstehenden Fragen und Antworten erklären, warum gebraute Soja-Sauce so anders und warum sie der nicht gebrauten so überlegen ist.

Wozu benutzt man Soja-Sauce?

Soja-Sauce ist ein Gewürz für jedes Gericht, für jede Art von Fleisch, Geflügel, Fisch oder Schalentieren. Soja-Sauce wird als Zutat in Marinaden oder Saucen, in Kombinationen mit anderen Gewürzen, bei Eintöpfen, Suppen, Schmorgerichten usw. benutzt.

Wie wird Soja-Sauce hergestellt?

Es gibt drei Verfahren zur Herstellung von Soja-Sauce:
1. Die gegärte oder gebraute Soja-Sauce wird durch die reine Gärung von Sojabohnen, Weizen, Wasser und Salz hergestellt.
2. Nicht gebraute Soja-Sauce wird in chemischen Hydrolyse-Anlagen produziert, in denen man Proteine mit Salzwasser, Maissirup und gebranntem Zucker mischt.
3. Halb gebraute Soja-Sauce wird durch Kombination der beiden ersten Verfahren hergestellt.

Welches Verfahren wendet Kikkoman an?

Kikkoman ist der größte Soja-Saucen-Hersteller in der Welt, der die alte, traditionelle japanische Methode, Sojabohnen, Weizen, Wasser und Salz zu gären, anwendet. Merkmale der Kikkoman Soja-Sauce sind die tiefe, rötlich-braune Farbe, der reiche, volle Geschmack und das würzige Aroma. Diese Merkmale der Kikkoman Soja-Sauce erreicht man durch gleiche Anteile von Weizen und Sojabohnen in der Maische und einer etwa 6 Monate langen Gärungszeit, bei genau gleichbleibender Temperatur und Feuchtigkeit.

Kann man dieses Verfahren noch ausführlicher erklären?

Kikkoman Soja-Sauce wird in drei großen Etappen produziert: Herstellung des Koji, Brauen und Raffinieren.
Der Herstellungsprozeß des Koji ist für die Produktion östlich gegärter Lebensmittel wesentlich. Das Wort »Koji« bedeutet Schimmelpilzblüte. Um den Gärungsprozeß bei den Sojabohnen in Gang zu setzen, wird ein Koji-Starter mit dem Namen »Aspergillus Sojae« benutzt. Diese Mischung ruft bei kontrollierter Temperatur und Feuchtigkeit das Wachsen des Koji hervor. Gleichzeitig formen sich in den Zellen des Koji Enzyme. Dieser Vorgang ist erst nach etwa 45 Stunden abgeschlossen. Die Zugabe einer Salzwasserlösung (Sole), die in die Kojimischung gegeben wird, löst die Arbeit der Enzyme aus. Die Gärungsperiode unterliegt ständigen Veränderungen. Sojabohnen und Weizen verwandeln sich in eine glatte, rötlich-braune Flüssigkeit, die man »Reife Maische« nennt. Die Gärungszeit dauert etwa 6 Monate.
Nun beginnt das Raffinierungs-

In diesem, GOYOGURA genannten, Gebäude wird von Kikkoman ausschließlich Soja-Sauce für den kaiserlichen Haushalt hergestellt.

stadium der Produktion. Die »Reife Maische« wird unter ständigem Druck zwischen Tüchern gepreßt. Das Ergebnis ist die Flüssigkeit, die unter dem Namen »Soja-Sauce« bekannt ist. Die Soja-Sauce wird dann einem Pasteurisierungsprozeß unterworfen, der Farbe und Aroma verstärkt, dann wird die Soja-Sauce abgefüllt.

Wie erhält die gebraute Soja-Sauce ihre Würze, Farbe, ihren Geschmack und ihr Aroma?

Die Enzyme nehmen ihre Arbeit während des Brauprozesses auf. Während der etwa 6 Monate langen Gärzeit verwandeln sich die Sojabohnen-Proteine in Aminosäuren, die der Soja-Sauce ihren GESCHMACK geben. Zwischen Zucker und Aminosäuren treten weitere Enzymreaktionen auf, die der Soja-Sauce ihre FARBE geben. Dann verwandeln die Enzyme die Weizenstärke in Zucker, der der Soja-Sauce ihre SÜSSE gibt. Wenn die Spezialhefe aufgeht, verwandelt sie einen Teil des Zuckers in Alkohol, der das AROMA bringt. Andere Teile des Zuckers und des Alkohols wandeln sich während des Gärungsprozesses in verschiedene Säuren, die der Soja-Sauce WÜRZE bringen.

Wie wird nicht gebraute Soja-Sauce hergestellt?

Um ein Produkt mit gleichmäßigerer Qualität und weniger Zeitaufwand beim Brauen herstellen zu können, schuf man nachstehende Methode: Die Sojabohnen werden 15 bis 20 Minuten mit Salzsäure gekocht. Wenn der größte Teil der Aminosäure von den Sojabohnen abgeschöpft worden ist, wird die Mischung gekühlt, um den Hydrolyse-Vorgang abzuschließen.
Die Aminosäure-Flüssigkeit wird dann neutralisiert, durch einen Filter, der mit aktivem Kohlenstoff gemischt ist, gepreßt, und durch Filtrieren gereinigt. Diese Flüssigkeit wird »Hydrolysiertes pflanzliches Protein« genannt. Farbe, Geschmack und Aroma bleiben erhalten durch Zugabe von Maissirup, Salz und Karamelfarbstoff. Die Mixtur wird raffiniert und in Flaschen gefüllt.

Zusammenfassung der unterschiedlichen Methoden:

Die auffälligsten Unterschiede zwischen gebrauter und nicht gebrauter Soja-Sauce sind:
1. In nicht gebrauter Soja-Sauce ist kein Weizen enthalten.
2. Farbe, Geschmack und Aroma werden bei der nicht gebrauten Soja-Sauce in Form von Maissirup, Salz und Karamelfarbstoff hinzugefügt.
3. Die Produktionszeit für gebraute Soja-Sauce beträgt etwa 6 Monate, die für nicht gebraute jedoch nur ein paar Tage.

Bringt natürliches Brauen einen Qualitätsunterschied?

Ja, die Veränderungen, die während des Brauens entstehen, sind natürlich. Die Veränderung von Alkohol, Zucker und Säuren, die Geschmack, Farbe und Aroma der Soja-Sauce beeinflussen, sind das Ergebnis des Gärungsprozesses.
Im Gegensatz zur nicht gebrauten Soja-Sauce wird bei der gebrauten NICHTS HINZUGEFÜGT. Natürlich gebraute Soja-Sauce hat einen großen Charakter. Ihr raffiniertes, aber volles Aroma unterstreicht den natürlichen Geschmack der Lebensmittel.

KIKKOMAN

ESSEN MIT GESUNDEM MENSCHENVERSTAND

Eine gute Küche braucht ein gutes Öl.

Aber wozu nehmen Sie das Öl? Für den Salat – werden Sie sagen. Verständlich, denn gerade beim Salat ist es wichtig, daß das Öl mit den anderen Zutaten gut harmoniert. Darum können wir Ihnen für Ihre frischen, knackigen Salate nichts Besseres empfehlen als Keimöl. Weil es als geschmacksneutrales Öl dafür sorgt, daß Ihr Salat nach Salat schmeckt und auch Kräuter und Gewürze ihr Aroma voll entfalten. Aber Keimöl kann noch viel, viel mehr für Sie und Ihre Familie tun. Darüber möchten wir Sie gerne etwas ausführlicher informieren.

Die Natur gibt ihr Bestes für Mazola.

Mazola ist ein 100 % reines Keimöl. Es enthält mehrfach ungesättigte Fettsäuren – die wichtigste ist die Linolsäure – und Vitamin E, ist gut bekömmlich und cholesterinfrei, weil es ein von Natur aus reines Pflanzenöl ist. Das versprechen andere auch – werden Sie sagen. Darum müssen wir noch etwas mehr in die Biologie einsteigen, um die Vorzüge von Mazola Keimöl noch klarer zu beschreiben: Der wertvollste Teil einer Pflanze ist der Keim. In ihm steckt gesunde, ursprüngliche Lebenskraft.
Für die Gewinnung von Mazola werden ausschließlich Pflanzenkeime genommen. Warum? Weil sie das bestgehütete Geheimnis der Natur sind. Hier entsteht das Leben. Hier sind Wirkstoffe, die unser Körper lebensnotwendig braucht, aber selbst nicht bilden kann. Aus 118.000 Pflanzenkeimen entsteht ein Liter Mazola Keimöl. Daß dabei der wertvolle »Rohstoff« Keim schonend und sorgfältig behandelt wird, liegt in der Natur der Sache. Auch die schöne Glasflasche dient dazu, das reine Keimöl vor äußeren Einwirkungen zu schützen. Und das »Klack« beim Öffnen zeigt Ihnen, daß Mazola mit einem Spezialverschluß versehen ist, der das Keimöl vor Sauerstoff schützt und eine lange Haltbarkeit garantiert.

Sie wollen sich und Ihre Familie gesundheitsbewußt ernähren?

Dann haben Sie diesen Rat sicher schon öfter gehört: Vorsicht beim Fett! Ernährungsfachleute warnen vor den »falschen« Fetten. Auch die Fettmenge bereitet Sorgen.
Das war nicht immer so. Lange Zeit galt Fett als Symbol für Wohlstand. Man sprach von den »fetten Jahren«, wenn »gute Jahre« gemeint waren! Fett ist unentbehrlich – als Energielieferant, als Träger der fettlöslichen Vitamine und – besonders wichtig – als Lieferant der lebensnotwendigen, mehrfach ungesättigten Fettsäuren, z.B. der Linolsäure.
Hinzu kommt, wie wir alle wissen, daß Fett für den guten Geschmack der Speisen sorgt. Was wäre Salat ohne Öl? Gedünstetes Gemüse ohne alles? Wirsing, Kohlrabi, Brokkoli, Kohl brauchen einen Löffel Öl als »Geschmacksverstärker«. Fett ist also notwendig – es kommt nur darauf an, welches und wieviel.

Die gesunde Kraft aus Keimen.

Achten Sie nur darauf, mehr Pflanzenöle zu verwenden, die reich an mehrfach ungesättigten Fettsäuren sind. Eine gute Wahl ist MAZOLA Keimöl.
Denn es bewahrt seine guten Eigenschaften auch in der warmen Zubereitung. Gesundheitsbewußte Feinschmecker nehmen es deshalb nicht nur für den Salat, sondern auch zum Braten, Backen und Dünsten. Mazola, die gesunde Kraft aus Keimen.

Im Handumdrehen köstliche Soßen zaubern

Selbstgemachte sämige Soßen sind nach wie vor der Stolz jeder Köchin.

Sie erhalten ihren Geschmack vom Soßenfond, der Basis der Soßen, und den abrundenden Zutaten. Eine perfekte Soße gelingt allerdings erst durch die richtige Bindung. Und da gibt es verschiedene Möglichkeiten.

Die herkömmliche Methode

Mehl in kalte Flüssigkeit einrühren, in den Soßenfond gießen und unter Rühren etwa 10 Minuten kochen lassen.
Eine andere Möglichkeit ist die Herstellung einer Mehlschwitze. Hierzu schwitzt man Mehl und Fett an und gießt mit Wasser auf. Diese Methoden haben ihre Tücken, denn wenn nicht sorgfältig gerührt wird, gibt es leicht Klümpchen. Das Mehl muß auch lange genug kochen, sonst schmeckt es roh. Durch das »weiße« Mehl wird die Farbe des Soßenfonds immer etwas aufgehellt – schöne dunkelbraune Bratensoßen lassen sich so nicht erzielen.
Nimmt man statt Mehl zum Anrühren Speisestärke, muß die Soße nur kurz aufkochen, bleibt aber durchscheinend transparent. Gut, daß es heute moderne Methoden gibt, die vieles vereinfachen.

Die perfekte Art, Soßen zu binden.

Wenn es darum geht, Soßen und Suppen schnell und einfach zu binden, vertrauen Millionen Hausfrauen auf MONDAMIN Fix-Soßenbinder hell oder dunkel. Aus guten Gründen. Dieses moderne Soßenbindemittel auf der Basis von Stärke und Reismehl bindet »verzögert«: Die Stärke quillt und verkleistert langsamer als bei reiner Speisestärke oder Mehl. Deshalb kann MONDAMIN Fix-Soßenbinder als trockenes Produkt – ohne Anrühren – direkt in die kochende Flüssigkeit eingestreut werden, ohne daß die gefürchteten Klümpchen entstehen. Kochzeit: 1 Minute!

Die gehaltvolle Art, Soßen zu binden.

Unsere Großmütter hatten ihre eigene Methode, besonders gehaltvolle, deckende Soßen zuzubereiten: Die hausgemachte Mehlschwitze. Dabei mußten sie Mehl in Fett anschwitzen, bis alle Feuchtigkeit verdampft war (etwa 10 Minuten).
Und sie mußten ständig rühren bei gleichmäßiger Hitze. Zeitaufwendig und umständlich. MONDAMIN hat den Hausfrauen von heute diese Arbeit bereits abgenommen: Mit MONDAMIN Klassischer Mehlschwitze! Sie wird direkt in die kochende Flüssigkeit, Fleisch-, Gemüsebrühe oder Milch eingerührt, ca. 1 Minute aufgekocht, fertig!
MONDAMIN Fix-Soßenbinder hell eignet sich zum Binden von Soßen zu hellem Fleisch, Fisch oder Geflügelgerichten, von Gemüse, Suppen und Eintöpfen. Gerade auch für die leichten Soßen aus der asiatischen Küche eignet sich dieser Soßenbinder hervorragend.

Auch Gerichte, z.B. der chinesischen Küche, lassen sich ideal binden, die Soße bleibt immer leicht »glasig«.